# 地域人

第28号

目次



表紙イラスト◎北村人

# 困ること

養老孟司
解剖学者、大正大学客員教授

近頃困ることといえば、講演後の質問である。以前困ったことはほとんどないが、最近は困る。なぜかというと、先生みたいな考え方だと、要するに周囲と、あるいは自分の仕事そのものと、ぶつかりますと言われる。私の考え方が具体的に理解されてきたからだと思えば、ありがたいことだが、皆さんにストレスをかけるのは申し訳がない気がする。

思えば、ぶつかるに決まってますな。いまの世間のどこかがおかしいから、ここが変でしょと言っているだけである。でもその「変」が世間の大勢なら、批判しているほうが、数の上では「変」である。それはわかりきったことではないか。

都市と田舎を比較してみよう。今や世界の人の八割が都市に住むという。それならまず数の上でも、都市の理屈が通るはずである。でもその都市が長持ちするかというなら、いまのままでは、たとえば少子化で日本の世間が消えてしまうことは明らかである。

都市が維持できてきたのは、田舎から若者が来たからである。もちろん都市でも人は増えると言えば増える。でも都市を維持するには不十分である。それは食物だって同じ。食物は都市だけではとうてい維持できない。東京都の食糧自給率は１％。考えるまでもないことである。でも子どもも食料と「同じようなもの」だとは考えないらしい。頭の中でヒトを特別扱いするからである。

都会の理屈に頼って、農業を考えようとする。だから「農業を工業化する」という。それは結構だが、そういう人たちは、本当にビルで育てた米を食べて生きようと思っているのだろうか。以前ホリエモン（堀江貴文）が元気で頑張っている時に、ハンバーガーを食べながら働いているのを、テレビで見たことがある。働くのも結構だが、もうちょっと自分の人生を考えたらどうかしら。余計なことだが、そう感じた。相手が家族なら、そう注意するところである。

東京では子どもはまず病院で生まれる。死ぬ時も九割以上は病院。だから東京の住民は「仮退院中の病人」だと書いたことがある。このところ知事を三度、取り換えた。住民たちが自分で決めた知事である。自分で決めた女房を三度取り換えるのでも、あまり普通ではないでしょうね。その都度、お金がかかる。それができる都は金持ちで、金持ちの基準で世界を決められたのでは、残りの世界が困る。

いまや霞が関より、都庁のほうが強いかもしれない。以前にそんなことを聞いた覚えがある。小池百合子知事は国政選挙には出ないと言っているらしい。たしかに世間の風をよく読んでいると思う。

いまは都を押さえる方が霞が関を押さえるよりいい。国は官僚制度が硬い。よく言えばしっかりしている。それに比べたら、都庁のほうが楽に左右できそうだということは、素人でもわかる。左右しなくたって、メディアが動き、都民が思うほうに動いてくれればいい。

政治は皆さんが思っているほど、世界を動かすわけではない。われわれの生活を具体的に変えてきたのは、経済であり、技術である。さらにその世界を根本で左右するのは、普通の人の生き方、考え方である。東京都民の生き方と考え方が健全なのか、そこが問題であろう。「都民ファースト」が本当に日本の為、将来の為だろうか。

ゾウムシのデータベースに夢中。(箱根の別荘にて)

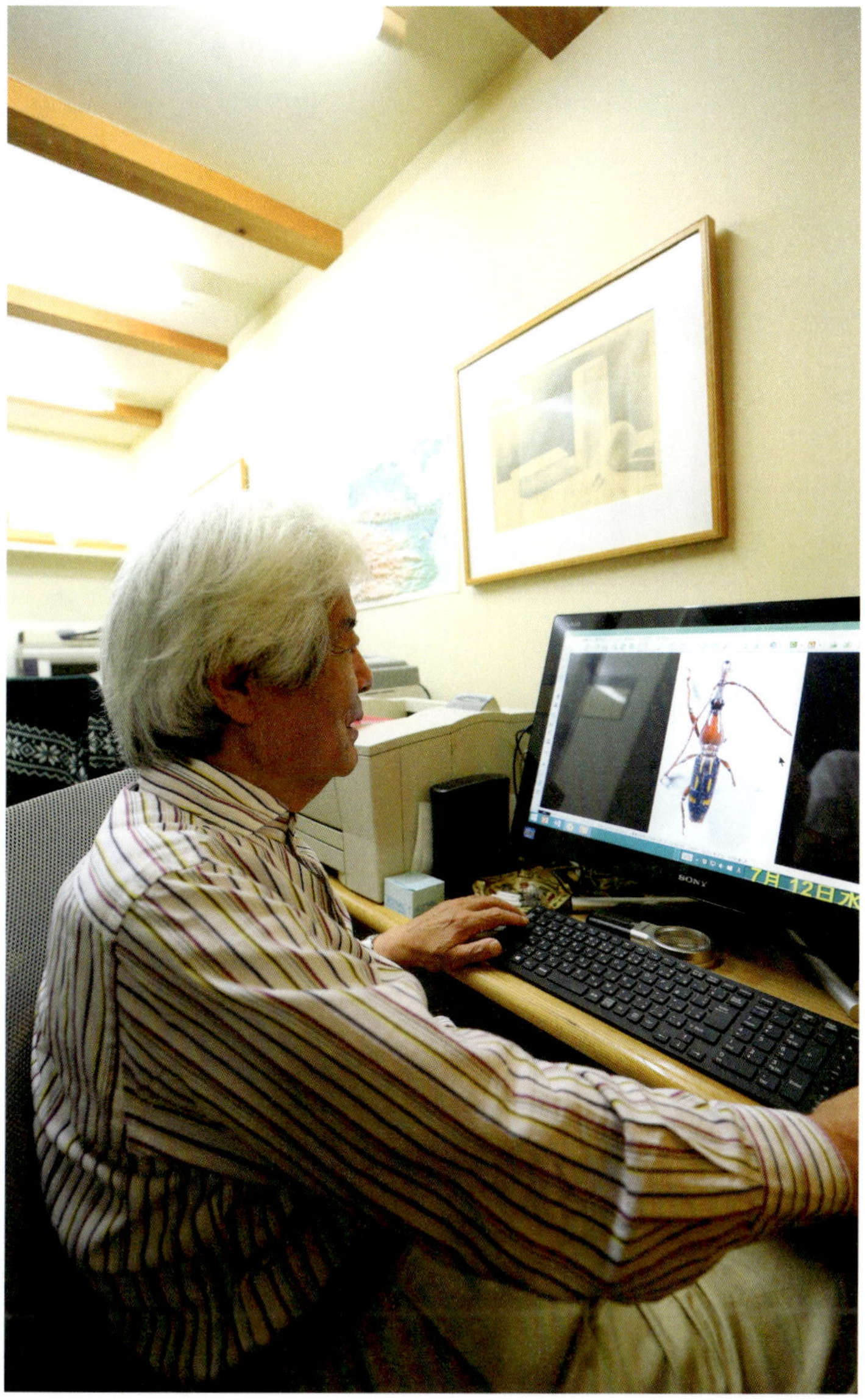

撮影●島﨑信一

*Takeshi Yoro*

東京大学名誉教授。1962年東京大学医学部卒業。
67年医学博士取得し、81年医学部教授。
89年『からだの見方』(筑摩書房)によりサントリー学芸賞受賞。著書・共著多数。
近著として2017年『京都の壁　京都しあわせ倶楽部』(PHP研究所)、
『「他人」の壁』(SB新書)などがある。

# 巻頭インタビュー
# 鈴木大地
スポーツ庁長官

## スポーツによって地域・経済の活性化を目指していく

聞き手●渡邊直樹 本誌編集長　写真●河野利彦

〝バサロ泳法〟でソウルオリンピック100m背泳ぎの金メダリストとなった、あの鈴木大地が初代スポーツ庁長官に就任して2年。スポーツの効果・価値を高めるために、自ら率先して推進するプロジェクトについてうかがった。

## 海・山・川・湖などがスポーツにとって、地域の宝だ

**渡邊**　『地域人』の本号では、「スポーツによる地域起こし」を特集しています。

**鈴木**　われわれもことあるごとにスポーツが地域を元気にすると言っています。そういう実例を集めた、まんが事例集を刊行したり、アウトドアスポーツの推進をしたり、それから昨年3月には、スポーツ庁、文化庁、観光庁の3庁連携で、「スポーツ文化ツーリズムアワード」を設置しました。これは、各地域のスポーツと文化芸術を結び付けた新たな観光資源で地域を盛り上げていこうという一つのシンボリックな賞なのです。

スポーツビジネスも振興しており、今5・5兆円のスポーツ産業規模を2025年までに15兆円にするという高い目標で動いています。そのうちの一つの柱が、スタジアム・アリーナ改革です。これから全国に約20カ所のスタジアムやアリーナを造っていこうという目標を掲げています。これはいわゆるハコモノなので、お金と時間もかかる。それも着実に進めていきますが、同時にお金が掛からないスポーツ振興は何かと考えたときに、アウトドアス

スポーツ庁長官室で。

ポーツの振興だという思いに至りました。今年6月には、「アウトドアスポーツ推進宣言」を行いました。全国にある海・山・川・湖などがスポーツ振興にとって、地域の宝だということで、それを活かしてスポーツ振興しましょうということなんです。地域の人は、自分がずっと生まれ育った町にどんな宝が眠っているのか気づきにくい。そういう気づきを促し、われわれも一緒になって地域を応援していこうとしています。

**渡邊**　スタジアム・アリーナ改革では新しくなった広島のスタジアムが有名ですね。

**鈴木**　はい。ＭＡＺＤＡ Ｚｏｏｍ-Ｚｏｏｍスタジアム広島というボールパークを駅から5分のところに造りましたね。これによって新たな町づくりができたと思っているんです。先日伺った際に聞くと、近くの高層マンションが大人気で完売したそうです。広島の魅力がより高まったんです。

今、サッカー、バスケットボールだけでなく、バレーボール、そして卓球でもプロリーグ創設の動きがあり、地域に根差したチームが、その地域をさらに活性化するという動きは、非常に現実味を帯びてきています。しかも地方にはまだ場所の余裕もあり、自由な発想でまちづくりができるので、可能性があって面白いと感じています。

## 地域に根差したチームが、さらに地域を活性化する

**渡邊**　アメリカのメジャー・リーグの野球場のサービス精神に日本もようやく追いつこうとしてきたわけですね。

**鈴木**　広島のスタジアムは、試合のないときに視察させて頂いたのですが、本当に「パーク」のような感じで楽しいんです。いろいろな用途、目的でお客さまがいらっしゃる。寝っころがって試合を見られるスペースや、バーベキューをしながら見られる席もある。絶対にテレビに映らない席というのもあるんです。

**渡邊**　なるほど。お忍びデートにもいいですね（笑）。

**鈴木**　それは大事ですよ（笑）。いろんな人たちの目的に叶うかたちで観戦できて、非常に楽しいですね。

**渡邊**　視察に行かれて他に面白かった地域は？

**鈴木**　印象に残ったところはたくさんありますよ。先日徳島県三好市に行ってきたんです。四国のへそみたいなところです。

**渡邊**　ああ、大歩危小歩危ですね。

**鈴木**　そうです。そこでラフティングの世界選手権が開催されたんです。観戦した後、実際にラフティングも体験させて頂きました。これはもうアウトドアスポーツ大好きな人たちにとってはパラダイスですよ。非常に山の緑が濃い、深い峡谷に清流、急流が流れているんです。その中でやるんですから。世界中から１０００人近い人たちが来て、観戦も川沿いに鈴なりになる。

**渡邊**　競技は何日もやるんですか？

**鈴木**　はい。急流に逆らって上流に向かって漕がなきゃいけないコースもあって、応援のしがいがあるんです。すごい楽しかった。このような山奥でしかできないわけですから。日本にはこのようにアウトドアスポーツを中心として、スポーツの資源が眠っている。これにもう少し地元の人たちは気づくべきです。

## スポーツビジネスはこれからの成長産業

**渡邊**　長官に就任されてから、初めて体験されるスポーツもありましたか？

**鈴木**　そうですね。ボルダリングもそうですし、シーカヤックは久しぶりにやりました。いろいろと体験しましたね。鳥取にも中海というところがあり

2020年の東京オリンピック・パラリンピックに向けての準備も進んでいる。

まして、かつては汚染されていて、きれいな海ではなかったんですよ。そこで、中海再生プロジェクトというものを立ち上げて、地元でいろいろ議論して、10年で泳げる海にしようと。ちょうど10年経って2011年（平成22）に第1回のオープンウォータースイミングの大会を開催しました。その時、私は日本水泳連盟のオープンウォーターの担当でしたので、実際に見たときに、泳げるところまできたんだと、非常に感銘を受けました。このようにオープンウォータースイミングも、地方で開催できるいいコンテンツの一つだと思います。

今年あらためて伺ったら、水質がさらにきれいになり、参加者も増えていました。日本水泳連盟の公式大会の一つになったことでよりメジャーな大会になりました。一過性の大会ではなく、毎年開催していくことによって、だんだん大きくなって認知度も高まり、地域で欠かせないイベントになってきました。

**渡邊**　スポーツビジネスの成長についても、官民一体となって進められてい

スーツ、ジャケット着用でもスニーカーで13階まで階段を上がる。

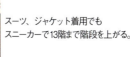

ますね。

**鈴木**　はい。これからの成長産業として国が挙げたなかにスポーツビジネスがとりあげられたんです。実はその中には他に健康立国ということを言っていて、このヘルスケアに関してもスポーツは非常に関わりが深いものです。したがって健康産業とスポーツ産業を合わせて、われわれにも多くのチャンスがあると思っています。

**渡邊**　そうですね。それこそスポーツ庁ができた狙いでもあったわけですからね。

**鈴木**　まだまだやるべき課題はたくさんありますが、文部科学省時代はスポーツビジネスなんて考えたこともなかった分野なんですよ。その辺は、経済産業省はじめ民間企業からも謙虚に学ぶべきであると思っています。

　健康産業の分野に関してですが、厚生労働省が働いている世代や高齢者の健康を扱っているのに対し、われわれは文科省の外局ですから、幼小中高大の若者にアクセスすることができる。つまり、厚労省と組むことによって、若い人から生涯にわたってアプローチが可能になるわけです。厚労省にもお願いをして、健康産業の活性化、さらには健康行政を手伝わせてくださいと、

長官として、さまざまなスポーツを体験。ツール・ド・フランス さいたまクリテリウム2016のエキシビション走行。(写真提供：さいたま市)

今話し合いを進めています。スポーツの振興は、医療費の抑制にもつながりますので。これからさらに力を入れていきたいと思っています。

**渡邊**　オリンピック・パラリンピックの自国開催で盛り上がっていますが、それと同時に日常的に日本の人たちが健康の面でも、スポーツに親しむということも、すごく大事なことですからね。

**鈴木**　非常に重要です。

**渡邊**　テレビでニュースを見ていたら、公共の公園で子ども向けの遊具だけではなく、高齢者向けのトレーニングまではいかなくても、背筋を伸ばせる器具とか置いてあって、散歩のついでにお年寄りが気軽にそれを利用している。ああいうのはいいなと。みんながみんなジムへ行けるわけでもないですからね。

スポーツ庁が制作した「まんが　スポーツで地域活性化」事例集全12冊。

**鈴木**　とてもいいですね。町の賑わいというか、いろんな世代の人たちがそうやって集まって、世代間の交流ができる。おじいさんおばあさんにとってもいいし、子どもにとってもいい勉強になるでしょうね。

**渡邊**　うかがったところでは、長官ご自身も、エレベーターを使わずに庁舎の13階まで歩いていらっしゃるそうですね。

**鈴木**　はい。朝、走ったり歩いたりすることもあるんですが、できない日は1階から13階まで階段を上がってきます。忙しい中でも日常生活にスポーツを取り入れられるということを、自ら実践しようと思っています。自分はやっていないのに、皆さんに言えませんからね。

## デュアルキャリアの形成を進めている

**渡邊**　われわれにとっては、アスリート鈴木大地といえば、なんといってもバサロ泳法です。すごい発明だと思って応援していたら、しばらくすると国際ルールの改定でできなくなりました。同じようなことは柔道でも、スキーのジャンプ競技でもありました。政治や経済でも日本が調子が良くなると欧米がルールを変えてくることがありますね。

**鈴木**　ありますねぇ。これは大事なポイントだと思いますね。われわれは国際スポーツ界で活躍できる人材を養成するプロジェクトもやっていますし、国際競技団体に日本人の役員を派遣するような支援もしています。

**渡邊**　柔道の山下泰裕さんなどもがんばっていらっしゃいましたが、日本のスポーツ団体が国際競技の中でも影響力、一種の政治力をもつことにも、アスリートOBの方の中から、力を発揮できる方にどんどん出てきてほしいのですが。

**鈴木**　今まで、そういう教育をしてこなかったということもありますが、これからの一つの課題だと思っています。

**渡邊**　鈴木長官はアスリートとして活躍されたあと、コーチングの勉強もされ、医学博士でもあります。トレーニング方法など、この数十年でずいぶん変わったと思うんですが？

**鈴木**　より無駄のない効率的なトレーニングが確立されつつあると思っています。怪我の予防も含めて、スポーツ医科学はこの10年、20年で大きく進化していると感じますね。

今は例えば、競技の技術を指導するコーチ以外に、体のコアの部分を鍛えるトレーニングの専門家がアスリートを支えていますね。ちょうどF1レースのように、いろいろな役割をもった人たちが、ドライバーをみんなでサポートするというような時代になってきていますね。

**渡邊**　なるほど。スポーツ選手が、アスリートを卒業したあとに活躍できる場が昔は少なかったと思うんです。今はさまざまな道が開かれつつあるのかなと。そこで、アスリートとしての経験をさまざまな形で国民に還元してもらえるといいと思うのですが。

**鈴木**　そうなっていくことが理想ですね。昔は第一線を退いた後、学校の体育の先生か、飲食店の経営などが思い浮かんだと思いますが、今はスカウトをやったり、マネージャーのような存在になったりトレーナーになったり、針灸師になったりもします。スポーツビジネスに携わったり、メディアの世界に入った人もいます。幅が少しずつ広がってきましたが、まだまだ諸外国のアスリートに比べると、学業を少しおろそかにしているのではないかという指摘もあります。スポーツ庁でもデュアルキャリアの形成（競技能力を高めていく競技者としての人生と、社会性・学力・就職・結婚など、人として成長していく人生という二重のキャリアを歩んでいくということ）を進めているところです。

**渡邊**　それは大事なことですね。

## 世界の人たちと触れ合うと考え方や価値観が広がる

**鈴木**　今年から「ジャパン・ライジング・スター・プロジェクト」も始動しました。これは、種目転向を含めた新しいタレントの発掘のプロジェクトなんですよ。種目の転向とは、例えば今は野球をやっているけれど槍投げの選手になったり、ラグビーの選手になったりというように、より自分が輝く場所を見つけるのがこのプロジェクトなんです。

**渡邊**　それは面白い。

**鈴木**　ええ。例えば、高校球児が約17万人いますが、実際に試合に出られるのは年間約5万人。10万人以上が一度も公式戦に出られないんですよ。その中には、もしかしたら他の競技で一旗揚げてやろうと思う人がいると思うので、彼らを応援しようというプログラムです。これが全国で盛んになってくると、日本の競技力も変わるし、若い人たちが適材適所に、本当に自分が活躍できる場所を見つけることになればいいなと。

**渡邊**　一軍選手ばかりが注目されますが、その何倍もいる二軍の人たちが一生懸命やっていても試合に出られないのは、いかにももったいないと思います。

# スポーツの力はまだまだ正当に評価されていない

**鈴木**　野球では二軍かもしれないけれど、他の競技にいったら超一流になれる可能性もあるんです。確かに甲子園も大事ですし、一つの競技をやり続けるのも大事なことですが、他の競技に挑戦して世界の舞台に行って戦うということには、何ものにも代え難い喜びと価値があります。私自身もワクワクしましたし、世界の人たちとスポーツによって繋がるのは最高に楽しいですよ。そういう可能性を若い人たちにもどんどん追求してもらい、チャレンジしてもらいたいのです。

**渡邊**　世界の場で、世界の選手たち相手に闘うと、戦いの場では敵ではあるけれども、それと同時に友情も生まれるのでしょうね。

**鈴木**　もちろんそうですね。友情。世界の人たちと触れ合うと、自分の考え方や価値観がものすごく広がる。人生にとってこれほど有益なことはないと思っています。人間の幅が広がるし、楽しいし、人生が豊かになることに繋がると思います。

## 障がい者スポーツの振興は共生社会の実現につながる

**渡邊**　２０２０年はパラリンピックもすごく大事だと思うんですが、長官ご自身の障がい者スポーツ、パラリンピックについてのお考えをうかがえますか？

**鈴木**　将来、超高齢化の時代が来たとき、今は健常者でも10年後、20年後にはその方が障がい者なっている可能性もあるわけです。障がい者の方が快適に生活ができ、障がいのあるなしに関わらずスポーツをできるようになることは、優しい社会をつくることにつながり、結果的に多くの人たちが高齢になっても安心して住みやすい社会をつくることになります。

物事を見る目線にしても、障がいのある人たちはどうするかなと想像しながら地方に行ったりもしています。階段だけでは車いすでは困るだろうなとか。障がい者スポーツを振興することは、誰もが住みやすい社会をつくることに繋がる。共生社会の実現にもつながると確信しています。パラリンピックで何個メダルを獲得するかということも関心は高いでしょうが、それだけでなく、パラリンピックの自国開催は大きな社会的な意義があると感じます。

**渡邊**　競技が始まると、どうしてもメディアもメダルの数に関心が集中しますからね。

**鈴木**　競技スポーツですので、当然、競技結果は気になるところではありますが、もっともっと深い背景をいろいろな人たちと共有することが大事ですね。

**渡邊**　考えてみれば、高齢化社会では、障がい者は決して他人事ではありませんからね。

**鈴木**　スポーツの力はまだまだ正当に評価をされていないところもあると思います。これからそういう理解を進めていくのもわれわれの仕事の一つです。どうやってこのスポーツの価値を上げていくかが一番の大きな課題だと思っています。

**渡邊**　期待しておりますので、これからもますますのご活躍を。

**鈴木**　がんばります。

『FUN+WALK PROJECT』を通して、国民の健康増進を目指す。

*Daichi Suzuki*

1967年、千葉県生まれ。
88年、ソウルオリンピックの100m背泳ぎで、
日本競泳16年ぶりの金メダルを獲得。
バサロ泳法で知られる。93年、順天堂大学大学院
体育学専攻修了。2007年、同大学医学部より
博士号取得。その後、日本水泳連盟会長、
日本オリンピアンズ会長などを歴任。15年、スポーツ庁
初代長官に就任。東京オリンピック・パラリンピック
競技大会組織委員会理事。

本誌・渡邊編集長と。

# 元気にする

1993年に開幕したサッカーのJリーグが先駆けとなり、
今や野球、バスケットボール、バレーボールなど他のスポーツでも、
「地域密着型」の運営が定着してきた。住民、企業、自治体が三位一体でチームを支え、
地域のブランド力を高め、発信している。また、地域の風土や特性を生かして開催されるスポーツイベントは、
域外からも多くの参加者や観客を呼び込み、大きな経済効果をもたらしている。
観光資源が乏しい地域にとって、スポーツによる
新たな市場の創造は地域に雇用を生み出し、人材を呼び戻す方法としても魅力的だ。
各地のスポーツによる地域活性化への取り組みを追った。

写真提供●サイクリングしまなみ2018実行委員会

特集

# スポーツが地域を

愛媛県今治市側から望む「しまなみ海道」。自転車が走っているのは、来島海峡大橋に併設されている自転車歩行者道。

毎年、JRさいたま新都心駅前に特設コースが出現。観戦距離が近く、声援が選手を後押しする。(©Yuzuru SUNADA)

（さいたま市 ツール・ド・フランスさいたまクリテリウム）

# “さいたま市”の名を 世界177の国と地域に発信！

国際的にも名高いフランスの自転車レースが「ツール・ド・フランス」。
その名を冠したレースが、毎年、埼玉県さいたま市で開催されている。
来場者、経済波及効果、認知度のどれもがスケールの大きなイベントである。

取材・文●田中 弾　写真提供●さいたま市

### 駅を降りたらコース

JRさいたま新都心駅で降りると、目の前にコースが広がる。
クリテリウムとは周回レースのことで、
選手たちの走りをたっぷり見られるのが利点。
非日常的な空間づくりも好評を得ている。

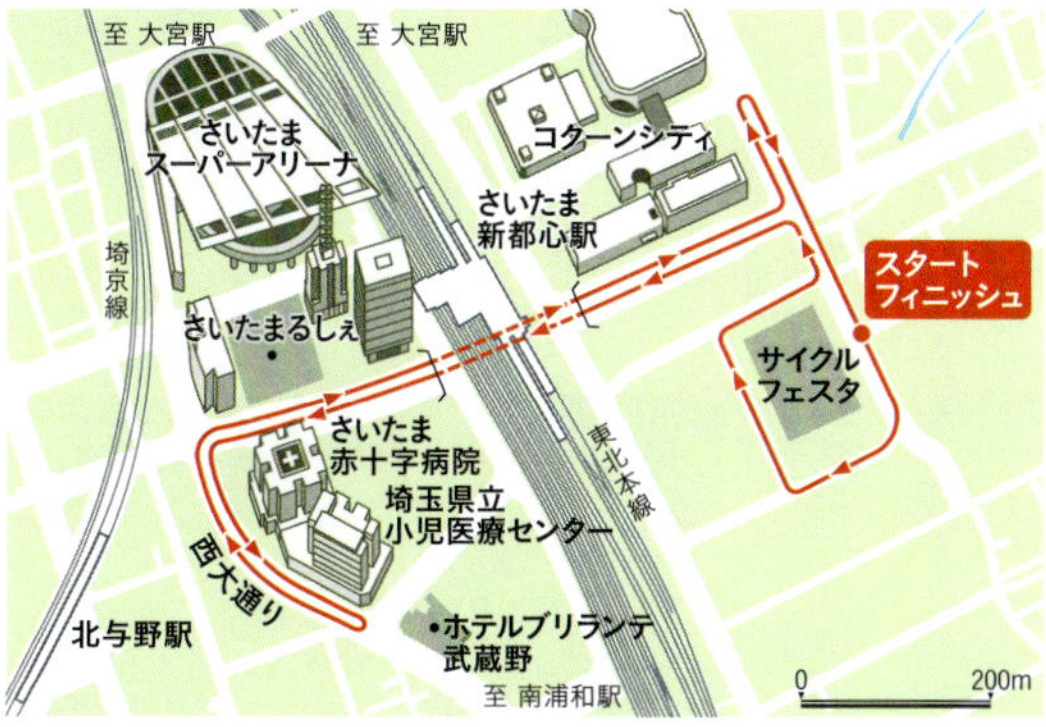


コースは約3kmで、メインレースはここを19周する。出場選手は海外招待7チーム26選手、国内7チーム28選手（2017大会）。

PART 1

# スポーツイベントで地域おこし

「ワールドカップ」「ジャパンカップ」といったビッグイベントの開催で、国内外からの入込数を増やすと同時に、まちの存在をアピール。スポーツは継続的な地域おこしの原動力となる。

**A.S.O.とは?**

A.S.O.（アモリ・スポル・オルガニザシオン）は、1903年から100年以上続く「ツール・ド・フランス」を主催するイベント運営企業。フランス最大のスポーツ紙「レキップ」を擁する企業が母体。「パリ・ダカール・ラリー」、「パリ・マラソン」なども運営。

**清水大樹さん**
さいたま市
スポーツ文化局
スポーツ部
スポーツイベント課

## 国際的な自転車レースで持続的な地域おこしを

スポーツで地域を元気にする——。この取り組みをいち早く進めてきたのが埼玉県さいたま市。2011年（平成23）に「さいたまスポーツコミッション」を組織し、スポーツイベントの誘致と開催支援をいかに経済の活性化につなげるかに取り組んできた。自治体中心の組織としては全国初の試みで、会長はさいたま市長の清水勇人氏が務めている。

その思いが実を結んだのは13年。さいたま市は、自転車ファン&スポーツ好きなら誰もが驚くビッグイベントの誘致に成功した。「ツール・ド・フランス」の称号をもつレースである。

「ツール・ド・フランス」とは毎年7月にフランス及び周辺国で23日間にわたって行われる世界最高峰の自転車レース。ほんのひと握りの超一流プロ選手しか出場することが叶わない“夢の舞台”だ。

「A.S.O.（フランスの運営会社）が、本国の100回大会を記念してアジア地域での開催も検討しているという情報が入り、清水市長がすぐに現地に赴いて交渉を始めました。それが功を奏したと考えています」と大会運営担当の清水大樹さん。

さいたま市のプロスポーツはJリーグの「浦和レッズ」「大宮アルディージャ」が有名だが、ここに強力なコンテンツが加わることになった。

同市とA.S.O.は、第1回大会終了後も良好なパートナー関係を築き続け、大会は5年連続で開催されている。15年以降は、「ツール・ド・フランス さいたまクリテリウム」（以下、さいたまクリテ）とされている。スポーツによる持続的な地域おこしの先鞭をつけたのである。

## 非日常的な空間でレース プロモーションは半年前から

さいたまクリテの経済効果は、いったいどれくらいになるのだろうか。1日のレースで来場者数は約10万人、経済波及効果は25億~30億円といわれている。(左表参照)

極めて大規模なイベントだが、13年の第1回は、「そのぶん掛かる費用も大きい」と揶揄された。ヨーロッパにおける自転車選手のステイタスは日本の比ではなく、トップ選手は年間、億単位の金額を稼いでいる。手探りの状態から大会をつくりあげ、多数の海外選手も招待する費用は当然ながら高額になっていた。しかし現在では、それでも余りあるメリットを実現している。

### 25億~30億円の経済波及効果

これまで5回開催してきた実績を踏まえて、さいたま市は来場者数10万人を一つの目安にする。30~40代の男性が中心だが、家族で訪れる人も多く、経済波及効果は大きい。

| | 来場者数 | 経済波及効果 |
|---|---|---|
| 2013大会 | 約20万人 | 約30億2,900万円 |
| 2014大会 | 約10.3万人 | 約28億5,600万円 |
| 2015大会 | 約9.5万人 | 約25億3,500万円 |
| 2016大会 | 約10.1万人 | 約29億900万円 |

※2013大会のみ来場者数のカウントの仕方が異なる

さいたまクリテの会場は、例年JRさいたま新都心駅周辺に設営されている。都心から電車で20~30分と便が良く、集客力の向上を見込みやすい。しかも、駅から降りるとすぐ目の前がコースである。開発が進む同エリアには、さいたまスーパーアリーナやコクーンシティといった最先端の商業施設が立ち並ぶ。「え、ここでレースを?」という驚きが、来場者の気持ちを盛り上げる。

「非日常を感じられる空間で行うことが、大会をより魅力的なものにしていると考えています」

また、さいたまクリテはプロモーションにも余念がない。16年大会の報道機関による露出は1410回にも及ぶ。

「開催日の10~11月に向けて、5月のゴールデンウィークから広報活動が始まります。ピークを迎えるのは、『ツール・ド・フランス』本大会が行われる7月です」

16年、17年は千羽鶴を抱えて本大会に帯同し、さいたま市の認知度を高めた。この時期は国内外のメディアがこぞってフランスのツール情報を発信するため、さいたまクリテにとって得がたいアピールの機会となる。

「自転車に馴染みのない方たちに大会を知っていただくことも、重要な課題の一つ。国内では清水市長が宣伝マンとなり100日前PRイベントを行うほか、自転車ファン層を広げる試みとして『さいクリ広報部』を結成。埼玉大学、浦和大学、共栄大学の学生らに、SNSを活用して、若い世代の言葉で自転車の魅力を伝えてもらっています」

さらに、期間限定のPRブースやコラボレーションカフェもオープンする。なお、17年大会は開催前日が祝日(文化の日)だったため、チームプレゼンテーションを一般開放。併催イベントの「さいたまるしぇ」、「サイクルフェスタ」も2日間開催となり、より多くの人が大会を楽しめる日となった。17

### プロモーションは7月をピークに

7月に行われるフランスの本大会に合わせて、プロモーションを盛り上げ、シナジー効果を狙う。年々、仕掛けるアイデアも増やしている。

1 清水市長と「さいクリ広報部員」が一緒になって大会100日前PRを実施。まちゆく人に声を掛ける。
2 本大会へ千羽鶴を。各地を選手や観客と一緒に回ったのち、最後はさいたまクリテに戻ってくる。

### 2016大会の報道露出実績

| 媒体種別 | 掲載数 | 広告換算値 |
|---|---|---|
| 新聞 | 186回 | 328,461,293円 |
| 雑誌・フリーペーパー | 16回 | 9,539,682円 |
| 専門誌 | 28回 | 9,297,049円 |
| WEB(一般) | 983回 | 98,612,577円 |
| WEB(自転車専門) | 119回 | 7,720,438円 |
| TV | 57回 | 75,329,031円 |
| ラジオ | 21回 | 7,482,000円 |
| 合計 | 1,410回 | 536,442,070円 |

## 見る人をもっと楽しく

大会当日は会場内で2つのイベントを同時開催。レースの様子はパブリックビューイングでもわかる。

3 「サイクルフェスタ」は、さいたまはーとを管轄する自転車まちづくり推進課が運営。
4 パブリックビューイング前。たまたま駅を訪れた人が、思わず足を止めて見入ることもしばしば。
5 さいたまの食をPRする「さいたまるしぇ」。こちらは公益社団法人さいたま観光国際協会が運営。

年のデータはまだ出ていないが、実行委員会のツイッターは過去最高の1万人以上のフォロワーがつくなど、大きな手応えを感じているという。

### いつか世界中の誰もが聞き覚えのある大会に

ロードレースは施設を利用したイベントとは違って、基本的に観戦者収入、いわゆる入場料は無料である。それゆえ収支に関しては一層の気配りが必要となる。さいたまクリテでは、会場の一部に有料の特別観覧席を用意した。

他方、17年はフランスの「バーバパパ」とコラボした商品を販売するなど、オフィシャルグッズのラインナップの充実も図っている。

収入面での最も大きな柱は、協賛企業の存在である。16年が約60社だったのに対し、17年は約70社に増加。冠スポンサーのJ：COMとは16年～18年まで3年契約を結ぶことにも成功している。バックアップが増えている理由は、10万人規模の実績をもつ大会が魅力的に映るだけではなく、さいたまクリテの認知度が大きく上昇していることにある。

例えば、16年大会のレースの模様は、J SPORTS＋J：COM、テレビ東京で放送されているだけでなく、A.S.O.が持つネットワークを通じて海外の177の国と地域にも届けられている。世界中で「さいたま市」の名が流れるのである。さらには、来日した選手たちが日本での自身の活動を発信する。前述のとおり、彼らは母国ではヒーローであり、多くのファンの間に広がっていくのである。

さいたまクリテは、未来に向けて次のような目標を掲げる。

「私たちの大会は、放映権ビジネスができるコンテンツにはまだなっていません。放映権収入は、大会の安定運営につながります。新しいアイデアを形にしていくこともできる。今後も成長を続けていくために、この願いを叶えたいと考えています」

さいたま市は、国内14都市のなかで自転車保有率が約83%とナンバー1を誇る（12年調べ）。同市では、さいたまクリテを自転車事業のシンボルと位置づけて、「自転車まちづくりプラン～さいたまはーと～」を策定（16年～25年）。自転車利用者の経済面、健康面に寄与する環境づくりを掲げて、市内の道路200kmを整備し、乗り方のマナー教室や駐輪場施設の拡充、電動アシスト車の普及などを図っていくという。スポーツイベントを核に、地域活性化のすそ野を拡大しようとしている。

もうひとつの地域おこし

### 約1万6000人のランナーが走る！さいたま国際マラソン

さいたま市は15年にさいたまクリテに並ぶ一大イベントとして、「さいたま国際マラソン」を開催。最初は制限時間が4時間だったが、16年から6時間に延長され、より多くの市民ランナーがエントリーするようになった。世界を目指す女性ランナーのオリンピック＆世界選手権の代表選考レースも兼ねている。

## 海外にも"さいたま市"の認知度が高まる

国内の放映はJ SPORT+J:COM、テレビ東京が行い、海外ではEurosportなどを含む9つのチャンネルが行う。ライブ中継、事後番組、ニュースらが177の国と地域で放送される（2016大会実績）。

（長野県　小布施町　スラックラインワールドカップ）

# 一人の僧侶の情熱が、まちを巻き込みワールドカップを呼び込む

長野県の北東に位置する小布施町。
人口約1万人のこのまちで、あるスポーツが
盛り上がりをみせている。仕掛け人は、地元の寺院の副住職。
なぜ、お寺がスポーツを？
その回答には現代の寺院の在り方のヒントが隠されていた。

取材・文●日比忠岐（エディ・ワン）　写真提供●浄光寺スラックラインパーク

2017年9月17、18日に小布施町で開催されたスラックラインワールドカップで演技する同町在住の木下晴稀さん。（写真提供：小布施町）

## うまくなりたい その思いが原点に

幅約5㎝の弾力のある帯状のロープ(ライン)の上で飛んだり跳ねたり宙返りをしたりして、技を競う。それがスラックラインだ。2007年(平成19)にドイツで競技化された歴史の浅いスポーツということもあって、日本ではまだ一般には馴染みがないが、官民一体となってスラックラインに取り組み、ついにはアジア初のワールドカップ開催まで実現したまちがある。それが、長野県小布施町だ。

同町でスラックライン熱が高まるきっかけをつくったのが、地元の寺院・浄光寺で副住職を務める林映寿《えいじゅ》さん。スラックラインとの出合いを、林さんは次のように語る。

「2011年の夏に、友人と斑尾高原スキー場に遊びにいったとき、ホテルの庭にスラックラインが設置されていたんです。面白そうだからちょっとやってみようと挑戦してみたのですが、ラインの上に立つことすらままならない。何度やってもダメ。スポーツには自信があるほうだったので、すごくショックでしたね。しかも、一緒にいた友人の中で、一人だけうまくなった人がいて、それで一層、悔しさに拍車が掛かりました。家に帰ったらラインを購入して、練習しよう。絶対うまくなってやる。帰りの車中ではスラックラインのことばかり考えていました」

(撮影:坂本禎久)

小布施町におけるスラックラインブームの仕掛け人である浄光寺副住職の林映寿さん(右)と、同町在住でスラックラインの世界大会で優勝経験をもつ木下晴稀さん。

## 動画サイトを参考に 見よう見まねで練習

偶然、友人の知り合いにラインメーカーに勤務する人がいたことから、その伝手を頼ってラインを注文。到着まで半年掛かったが、その間にも林さんのスラックラインへの熱意は冷めるどころか燃え上がる一方だったという。

こうして13年4月、林さんは念願のラインを入手。浄光寺本堂の前の大きな岩と木の間にラインを一本張って、時間を見つけては練習に励んだという。

「私が熱中している姿を見て、妻と子どもたちも興味をもち、一緒にやるようになりました。友人たちにも『やってみない?』と声を掛けているうちに、少しずつスラックライン仲間も増えていきました」

しかし、林さん自身はもちろん、周囲にスラックラインの経験者は一人もいない。練習法などはどうやって?

「インターネットの動画サイトに投稿されたスラックラインの演技を観て、見よう見まねで練習しました。最初はラインの上で静止することすらできなかったのに、練習を繰り返しているうちに、3秒、5秒、10秒と静止できる時間が延びていくのが楽しくて、ますますのめり込んでしまいました」

## 口コミで広がる スラックライン仲間の輪

スラックラインにハマったのは、林さんだけではない。一緒に練習していた家族や友人たちも同様だった。彼らが周囲にスラックラインの楽しさを話し、興味をもった人が続々と浄光寺を訪れるようになった。

林さんはラインを増設するが、それでも需要に応えることが難しい状況だった。しかし、本堂前のスペースは、もう一杯。そこで、当時臨時駐車場兼

1

2

3

### 住民が力を合わせて造り上げたスラックラインパーク

浄光寺スラックラインパークは資材調達から設営まで、林さんをはじめとする住民たちの共同作業によって造られた。

1 屋内練習場竣工時、林さんの父・文映住職の司式で安全祈願祭を行った。2 パーク建設中、自ら重機を操作する林さん。3 25本のラインを備えるスラックラインパーク。(撮影:坂本禎久)

イベント会場として使っていた門前の広場にラインを移動させることにする。

「最初は駐車する人の邪魔にならないように広場の端にラインを設置したのですが、もっとスラックラインを楽しみたいという需要に応えてラインをどんどん増やしくうちに、駐車スペースがほとんどなくなってしまいました。それならばと、安全確保と雑草防止のために地面にウッドチップを敷き詰め、13年5月に、『浄光寺スラックラインパーク』として正式にオープンさせることにしました」

　パークを運営するため、特に熱心なスラックライン仲間で「小布施スラックライン部」も結成。設備と運営が整ったことで、スラックライン好きの輪はさらに広がるとともに、住民のスラックライン熱もさらにヒートアップしていく。12月になっても、雪が降る中でスラックラインを楽しむ人も少なくなかったという。

「とはいえ、さすがに吹雪の中での練習はツライ。冬でももっと快適にスラックラインを楽しめるようにと、パークの一角に農業用のビニールハウスを建設し、その中にラインを設置して、屋内練習場を設けました」

## 周囲を巻き込み協力者を増やす秘訣

　スラックラインパークでも、屋内練習場でも、資材の調達から建設まで、すべて林さんとスラックライン仲間の手で行ったというが、パークの設営も屋内練習場の建設もなかなかの重労働だ。なぜ、多くの住民が労をいとわず、林さんに協力したのか。

　もちろん、スラックラインが好きで、もっと楽しみたいと思っているという共通点はあるが、スラックライン自体、林さんが発信したものだ。林さんには、周囲の人を巻き込む才能があるのだろうか。

「私にそんな才能はありません。ただ、人に協力してもらう、ちょっとした秘訣を知っているだけです」

　そう言って、朗らかに笑いながら林さんはその秘訣を明かしてくれた。

「言葉にして伝えることです。自分が思っていること、こうなればいいな、こうしたいなと考えていることを会う人ごとに話すんです。そうやっていろいろな人に話をしているうちに、賛同してくれる人や協力してくれる人、助けてくれる人が現れてくるものです」

　そうした林さんの姿勢は、やがて小布施町全体をも巻き込んでいく。

## スラックラインが「まちのスポーツ」に

　小布施町には2軒の町立保育園と1軒の町立幼稚園があるが、いずれの園にもスラックラインが設置されている。これも、2児の父親の立場から子どもたちの体力の低下を憂いていた林さんが、小布施町の市村良三町長に直談判した結果、実現したものだ。

　また、町立小布施中学校では14年3月から体育の授業にスラックラインを導入しているが、ここでも、林さんを中心とするスラックライン部のメンバーが大きな役割を果たしている。

「きっかけは、スラックラインの魅力に気づいた一人の体育の先生が、熱心に学校側に働きかけてくれたことでした。スラックラインは体幹のトレーニングやバランス感覚を養うのに最適なスポーツですが、授業でやるからには、取り組んだ成果を何らかの形で評価し、生徒の成績に反映させる必要があります。そこで、私たちが協力して検定制度を整備することにしました」

　ラインの上で利き足一本で5秒静止

**幅わずか5㎝のラインの上で華麗に舞う**

ライン上でバク宙を披露する木下晴稀さん。わずか3年で世界大会で優勝するほどの実力を身につけた。（撮影：坂本禎久）

できれば10級、逆足で5秒静止できれば9級などと、段階的に上達できるよう制度を整えたという。この検定制度は、当初は10～1級の10段階だったが、その後、さらにブラッシュアップを重ね、現在では「初級」「中級」「上級」の3つのグレードごとに10段階の階級を設けるまでに発展している。

　こうして小布施町の子どもたちがスラックラインに親しむ機会が増えたことにより、スラックライン好きな子どもも増加。パークにも連日、多くの子どもたちが訪れるようになった。

「せっかく訪れてくれた子どもたちにしっかりとしたアドバイスができるよう、私と妻と部のメンバー数人が日本スラックライン連盟の公認インストラクターの資格を取得しました。ただ、週末や休日には50～60人もの来場があることも珍しくなくなり、さすがに対応しきれなくなってきました」

　そこで考えたのが、パークに集まる子どもたちの力を借りることだった。各級の合格者（1級取得者）に指導者の資格を与え、初級合格者は初級合格を目指す人を、中級合格者は初級以下～中級合格を目指す人を、上級合格者はすべての級の人を指導できる仕組みをつくったのだ。

「人に教えることで、思考力や判断力、コミュニケーション能力などを磨いてほしいという思いもありました」

## スラックラインパークは現代の寺子屋

地域の子どもたちの学びの場となっているスラックラインパーク。「現代の寺子屋として発展させていきたい」と林さん。

1 スラックラインの前にまず宿題。パークに集う子どもたちのルールだ。2 冬の間、スラックラインパークは雪遊びの場へと変わる。3 国の重要文化財でもある浄光寺薬師堂。

## 小布施町から世界へトップ選手も出現

浄光寺スラックラインパークは、トップアスリートの育成を目指しているわけではない。

「かつての寺院がそうであったように、地域の子どもたちが自然に集い、互いの交流やさまざまな体験を通じて学びを得る『寺子屋』のような場所でありたい」と林さんは語る。しかし、パークに集う子どもたちの中から世界に羽ばたく選手もすでに現れている。その第一人者が地元の高校に通う木下晴稀さん（17歳）だ。14年からワールドカップに参戦し、16年にはフランス、ドイツ、アメリカの大会でチャンピオンに輝いている。

　木下さんの活躍やまちを挙げてのスラックラインへの取り組みが評価され、アジアでは初となるワールドカップの招致にも成功。17年9月17、18日の2日間にわたって開催され、延べ3万人もの観客を集めるなど、大きな盛り上がりを見せた。住民主導でワールドカップを成功に導いたことは、まちの大きな誇りとなったという。また、外国からも選手や観客が訪れたことは、同町のインバウンド効果に、今後寄与する可能性もありそうだ。

　ワールドカップで大会実行委員長も務めた林さんは、次なる目標として、「オリンピック競技でスラックラインが採用されること」を掲げる。それが実現したとき、日本代表として出場するのは、浄光寺スラックラインパークで育った子どもかもしれない。

## 住民たちの熱意でワールドカップを招致

2017年9月、アジアでは初となるスラックラインワールドカップが小布施町で開催。一流選手の演技に延べ3万人の観衆が熱狂した。

（写真提供：小布施町）

4 表彰式のひとコマ。中央は、優勝した愛知県の高校3年生、細江樹さん（18歳）。賞金100万円を獲得した。5 大会の模様は、ケーブルテレビやインターネットなどで生中継された。

ジャパンカップの名所・古賀志林道。スピードが緩む山岳地帯は、選手の荒い息づかいまで聞こえる。

（宇都宮市 ジャパンカップサイクルロードレース ほか）

# 市・チーム・市民の三位一体で“スポーツ愛”の地盤を固める

宇都宮市には、古くからスポーツを愛する素地がある。
3つのプロチーム（サッカー、バスケットボール、自転車）への支援も厚く、
伝統あるイベントの自転車レースは、まちに活気を呼び込む起爆剤となっている。

取材・文●田中 弾　写真提供●ジャパンカップサイクルロードレース実行委員会

## プロスポーツを発展させ交流人口を増やす

2016年（平成28）に市政120周年を迎えた宇都宮市。人口は約52万人と北関東で最大の規模を誇る。

そんな宇都宮市には、3つのプロスポーツチーム（以下、プロチーム）がある。1953年（昭和28）創部の栃木教員サッカークラブを前身とする栃木SC、「栃木県にプロバスケットボールチームをつくる会」の後押しから07年に生まれた栃木ブレックス、宇都宮市出身のプロロードレーサー廣瀬佳正選手が「地元にプロチームを設立したい」と08年に立ち上げた宇都宮ブリッツェンだ。

一般的にプロチームは、企業が運営するチームが独立してプロ化することが多い。しかし、宇都宮市の3チームは、地域の声によってできたという点が特徴的だ。

「古くは作新学院が甲子園を春夏連覇して、野球で盛り上がっていたことのある宇都宮市ですから、もともとスポーツに親しむ素地はあったのだと思います」と話すのは、宇都宮市都市魅力創造課の青木克之さん。プロチームとはいっても、誰もが知る存在ばかりではない。そこで、バックアップを行っ

## スポーツが盛んなまち、宇都宮市

栃木県の7つのプロチームのうち、
3チームを有している宇都宮市。
地元の方の理解も深く、市内の大通りに
フラッグやのぼりを飾って応援する。

**栃木県**
H.C.栃木日光アイスバックス
(アイスホッケー・1999年~)
ル・ボーセ モータースポーツ
(モータースポーツ・2003年~)
那須ブラーゼン
(自転車ロードレース・2012年~)
栃木ゴールデンブレーブス
(プロ野球BCリーグ・2017年~)

**宇都宮市**
栃木SC (1953年~)
栃木ブレックス (2007年~)
宇都宮ブリッツェン (2008年~)

青木克之さん
宇都宮市 経済部 都市魅力創造課 課長
ジャパンカップ実行委員会事務局

## 市職員をフロントマンとして派遣

プロチームの広報活動、
活動環境、地域貢献活動を支えるのが
自治体とチームをつなぐフロントマン(市職員)。
円滑なチーム運営に欠かせない存在となっている。

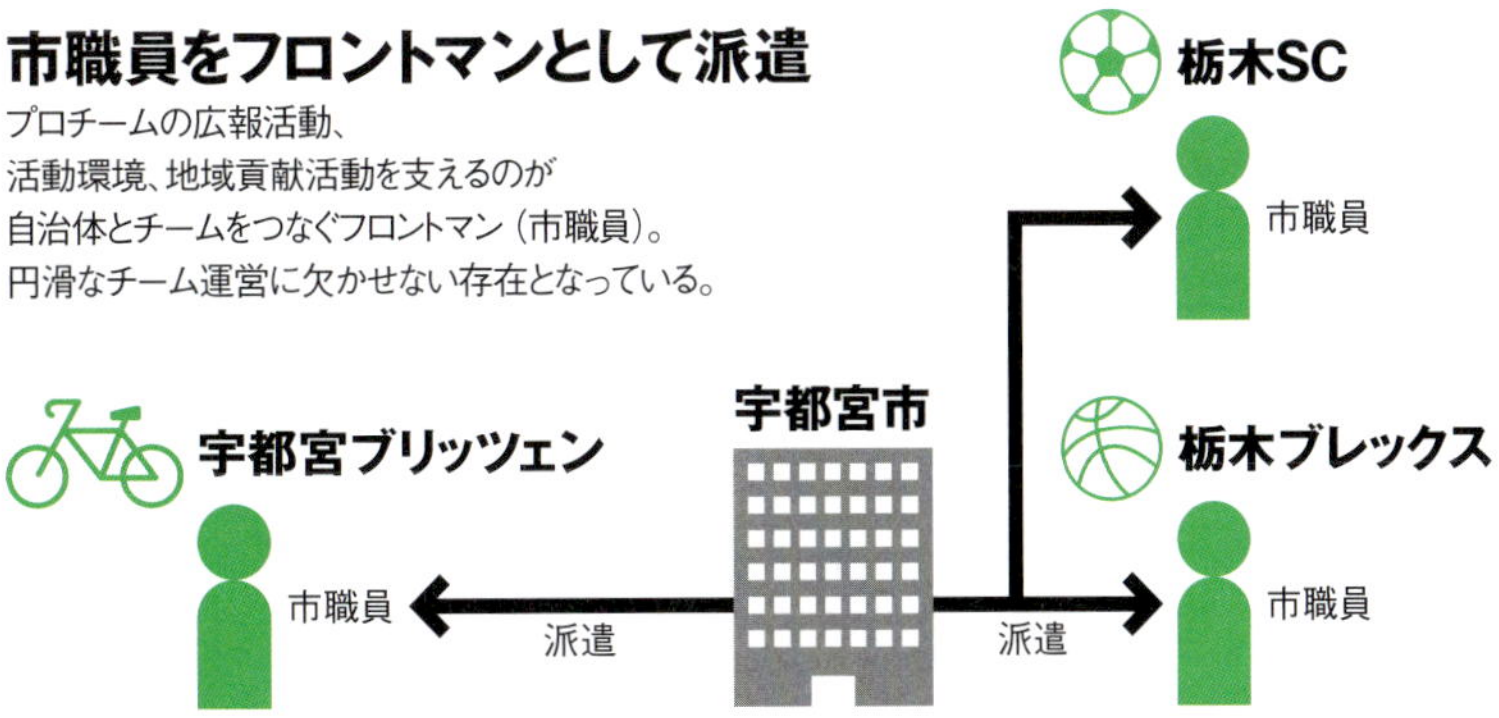


## サイクルロードレースのコース

毎年、宇都宮森林公園をスタート&ゴールに熱い戦いが繰り広げられる。

ているのが同課なのである。

「都市魅力創造課の大きな目的は、市民の方のシビックプライドを醸成し、自分のまちに愛着や誇りをもっていただくことです。それと同時に、〝暮らしやすい〟〝おいしいものがある〟といった市のブランド価値も高めて、交流人口の増加を促進します。そのために宇都宮市の素晴らしいものを見出そうとしてきたわけですが、その一つがスポーツでした」

### 市の職員がフロントマンとして市民とプロチームをつなぐ

プロチームへの支援策は多岐にわたっている。昨シーズン、栃木ブレックスがリーグ初代王者に輝いたときは、新聞を購読している20万世帯に一面カラーの優勝記事を配布した。各チームの広報誌を抜き刷りにして挟むこともある。さらには、ブレックスのホームアリーナである宇都宮市体育館の愛称の命名権を無償で認め「ブレックスアリーナ」とした。市民は〝ブレアリ〟と呼び、チームへの愛着を高めている。これは広報活動の支援である。

活動環境の向上には、練習場の優先使用や施設使用料の減免、クラブハウスの用地提供などがある。グラウンドの芝生の整備など、自治体のできる範囲でバックアップを行う。

地域貢献活動の支援もある。どのチームも興行と地域貢献活動をチーム運営の両輪としているが、とくに立ち上げ当初は知名度の乏しさから、活動を受け入れてもらえる場が限られていた。そこで、彼らのことを小・中学校や関係各所に説明して安心してもらった。市内の校長会にクラブの監督を招いて、アピールする場を設けたりもした。

これらの支援活動すべてにつながる施策が、職員の派遣である。

「プロチームの名刺をもって、フロントマンとして活動します。チームと職員が一緒に動けることから、『何をするにも対外的な信用度が高い』、と好評です。県内では宇都宮市のみだと思います」

職員の派遣期間は約2年。任期を終えると再び職員が派遣され、すでに10年ほど続いている。

チームと市のコミュニケーションが緊密になると、新たに見えてくるものがあるという。職員には民間企業の経営の仕方、顧客サービスを勉強する場になっている。チームにとっては人件費を抑えられるメリットもある。

連携策としては、各プロチームと介

**クリテリウム** 宇都宮駅前に設けられた1周2.25kmのコースを17周回する（パレード2周+レース15周）。時速70kmを超えるハイスピードな集団がさっそうと目の前を通り過ぎる。

## 観るレース、楽しむレースを提案

1日のみのサイクルロードレースだったが、2010年にクリテリウムを追加。一般の自転車愛好家、幼児、小中高生にも門戸を広げる多数のレースプログラムを用意。見るだけでなく、参加できる楽しさを向上させた。

## 2016ジャパンカップの経済波及効果

| | |
|---|---|
| 直接効果 | 18億1400万円 |
| 1次効果 | 5億6900万円 |
| 2次効果 | 4億6200万円 |
| 合計 | 28億4500万円 |

2016年は、チームプレゼンテーションを含め、開催は10月1日（土）～3日（月）の3日間。観戦者の半数が県外のため、滞在型の観戦も多い。

## ジャパンカップの観戦者の推移

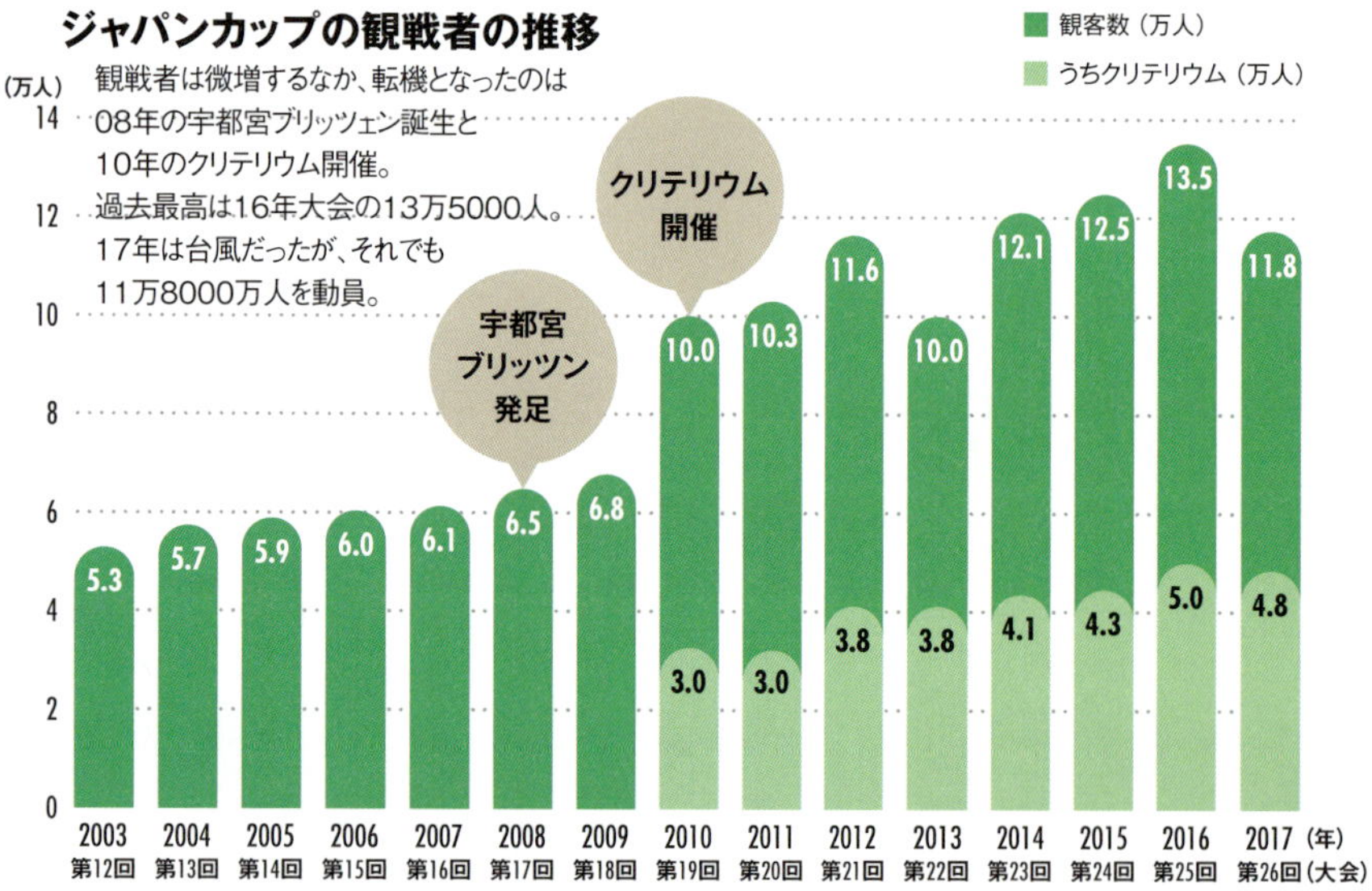

観戦者は微増するなか、転機となったのは
08年の宇都宮ブリッツェン誕生と
10年のクリテリウム開催。
過去最高は16年大会の13万5000人。
17年は台風だったが、それでも
11万8000万人を動員。

護予防の受託者契約を結ぶ。チームに楽しく身体を動かせるプログラムをつくってもらい、高齢者と選手らが触れ合う機会をつくっている。

### 大規模な通行規制の成功は信頼と地元の支えがあってこそ

プロチームの活動が知られるようになると、メディアへの露出回数も増えてきた。地元新聞社がスポーツ関係の専門部署を立ち上げ、とちぎテレビはジャパンカップクリテリウム（後述）を生中継する。「最近、スポーツが面白い」という機運ができあがっていった。

そんな流れのなかで、92年から宇都宮森林公園で開催されていた「ジャパンカップサイクルロードレース」（以下、ジャパンカップ）が変わった。もともとUCI（国際自転車競技連合）のワールドツアーを戦うトップチームが参戦するハイレベル大会だったが、10年からはジャパンカップ前日に「ジャパンカップ クリテリウム」の併催がスタートしたのである。場所も宇都宮駅前の目抜き通りを封鎖して行う大掛かりなもの。地元の宇都宮ブリッツェンの選手も出場することで、観戦者数は一気に3万人も増えた。

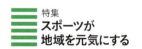

「交通規制が許されたのは、ジャパンカップを長年運営してきた実績があったからです。それに、宇都宮はかつて城下町で江戸時代から祭りの文化がありました。76年から続く『ふるさと宮まつり』は毎年30万人が訪れます。運営側も祭りの要領でやればできるはず、という見通しがありました」

地元の方にも深く感謝している。ジャパンカップのボランティアは第一回

キツイ坂を上るチビッ子をプロが後押し。サイクルレースのコースを走れるオープニングのフリーランは、選手と身近に触れ合える。

宇都宮ブリッツェンにとって、ジャパンカップはいわばホームタウン。国内でトップクラスの実力を誇り、市民からの人気も高い。

大会中は“石のまち”の大谷の大谷資料館が夜間までオープン。ライトアップされた幻想的な空間に、観戦者が列をなして訪れた。

**サイクルロードレース** 宇都宮森林公園を会場に起伏の激しい場所で繰り広げられるサイクルロードレース。144.2km（1周10.3km×14周）。レースの格式が高く、海外勢VS地元宇都宮ブリッツェンの対決に沸く。

からずっと参加している人が多い。各地域にはリーダーがおり、自発的に人を集めてくれる。宇都宮大学、宇都宮共和大学、作新学院大学らの学生もフィールドワークの一環として協力する。夏は法被《はっぴ》、秋はジャパンカップのジャンパーを羽織る。これがいまの宇都宮だ。市とチームと市民が三位一体で地盤を固めているのだ。

## 観るスポーツから楽しむスポーツへ

ジャパンカップは参加型イベントにも力を入れている。選手と一緒に走るオープニングフリーランを始め、小・中学生のユースロードレースは、上位がクリテリウムのパレードランを走れる特典が付く。高校生のホープフルクリテリウムは、メインレース直前のため大観衆の声援を受ける。

「廣瀬さん（宇都宮ブリッツェンGM）は子どものころジャパンカップを見て育ち、選手になりました。スポーツ人口の裾野を広げる大会として、50回、100回と続けるのが目標です。ジャパンカップは〝観る〟、そして〝楽しむ〟大会へと、いま舵を切っています」

宇都宮市は、50万人以上の都市のなかで、5年連続して住みやすさランキング1位を獲得。10年前から始めたアンケートでは、「まちが好き」「ある程度好き」という声が、8割から9割超にアップしている。人口減少の局面は迎えていないが、今後の見通しとしては間もなくピークとなることが予想されている。都市活力の低下の緩和に向けて、この先もプロスポーツによる地域おこしに期待が掛かる。

新たな試み

### 3人制バスケットボールの世界ツアーを開催

会場は二荒山神社前。大会当日、大鳥居前は興奮に包まれる。伝統と近未来が融合した風景は幻想的。

宇都宮市は2016年～17年の2年連続で、3人制バスケットボール（スリー・バイ・スリー）のワールドツアーを誘致。宇都宮の中心地に建てられた特設コートはライトアップされ、DJが流すビートの利いた音楽が響き、選手が熱戦を繰り広げる。来場規制が出るほどの人気ぶりだった。

# PART 2 人を呼ぶ環境づくり

施設だけをつくって「あとはご自由に」という
「箱もの行政」の時代はとっくに廃れた。
現在のスポーツ施設は、さまざまな「仕掛け」を施し、
スポーツを楽しむ環境づくりに重点を置いている。

（広島市 MAZDA Zoom-Zoomスタジアム広島（広島市民球場））

## キーワードは「ボールパーク」
## 新球場が、まちに活気を呼び込む

プロ野球のペナントレースにおいて、2016年、17年とセントラル・リーグ連覇を達成した広島東洋カープ。90年代以降、長い低迷期に陥っていた同球団の躍進の陰には、09年に新たに建設された「ボールパーク」の存在があった。

取材・文●日比忠岐（エディ・ワン）　写真提供●日高 洋

## 広島市が新球場建設に至るまで

新球場建設計画は1998年の広島市（土地開発公社）による広島駅近くの貨物ヤード跡地取得に端を発する。そこから数えると、09年の球場完成まで11年。02年の第1回コンペからでも7年を要した一大プロジェクトとなった。

**1998年3月** 広島駅近くの貨物ヤード跡地（約11.3ha）を取得。跡地活用案の具体化に向けて検討が始まる。

**2003年12月** 跡地活用の事業コンペを実施する（2002年）も民間事業が頓挫。計画は白紙に。

**2004年6月** 近鉄バファローズとオリックスブルーウェーブの合併を発端としてプロ野球再編論議が湧き起こる。

**カープ存亡の危機に、新球場建設の機運が一気に盛り上がる！**

**2004年11月** 広島市、広島県、経済界、スポーツ団体、カープなどで構成する新球場建設促進会議が設置される。

**2005年3月** 新球場建設促進会議が「新球場建設の方向性」をとりまとめる。

**9月** 広島市が「新球場建設の基本方針」を定める。

**ボールパーク構想の実現に向けた第1歩を踏み出す。**

**2005年11月** 設計・施工業者を選定するためのコンペを開始。

**2006年3月** 防衛施設庁の官製談合事件の影響で応募者が1グループに。

**4月** 条件付き最優秀案は条件をクリアしていないとして、当選案の採用なしに。

**6月** 設計を対象としたコンペを新たに開始。

**10月** 環境デザイン研究所の作品が採用される。

**2007年11月** 建設工事が始まる。

**2009年3月28日** 竣工式を執り行う。

メジャーリーグの球場のような瑞々しい緑の天然芝も、マツダスタジアムの魅力の一つだ。

### 広島の象徴であるカープにふさわしい球場を

公式戦を開催すれば、球場は常に満杯、2014年（平成26）の流行語大賞にノミネートされた「カープ女子」と呼ばれる熱烈な女性ファンを多数擁するなど、プロ野球界でも屈指の人気球団となった広島東洋カープ（以下、カープ）。しかし、80年代の黄金期（リーグ優勝3回、日本一2回）以降、1991年のリーグ優勝を最後に長い低迷期に陥っていた。そんなカープが現在の地位を獲得する大きな転機となったのが、09年の広島市民球場（MAZDA Zoom-Zoom スタジアム広島、以下マツダスタジアム）の建設だ。

さまざまな趣向を凝らした観客席（28ページ参照）やユニークなアトラクション（29ページ参照）で、老若男女はもちろん、野球が好きな人もそうでない人も楽しめるエンターテインメント施設としても評価が高いマツダスタジアムだが、「建設に至るまでには、多くの紆余曲折がありました」。

こう振り返るのは、のちに球場建設地となる貨物ヤード跡地の活用策検討から建設プランの策定・竣工に至るまでの長期間、新球場建設事業に深く携わった広島市都市整備局都市機能調整部部長の日高洋さんだ。

「広島駅近くの線路沿いに広がる貨物ヤード跡地を有効活用するための事業コンペを最初に実施したのは、02年のこと。アメリカの大手不動産投資会社を中心とする共同企業体による提案が採用されたのですが、翌年、その不動産投資会社が広島への進出を見合わせると通告してきたのです」

事業の中核となる企業が抜けたことから、計画は頓挫、白紙に戻ることに。とはいえ、旧広島市民球場が建設されたのは、57年（昭和32）のこと。建設から半世紀以上が過ぎ、施設の老朽化は深刻な状態になっていた。そこを本拠地とするカープは広島市のシンボルともいえる存在。そんな球団に相応しい球場を早急に建設しなければならない。これは広島市とカープ共通の認識だったが、ある出来事を期に、そこに市民も加わることになる。その出来事とは、04年に行われた近鉄バファローズとオリックスブルーウェーブの合併に端を発するプロ野球再編議論だ。

## 球団存亡の危機に市民が立ち上がる

両球団の合併によりプロ野球界はそれまでの全12球団から11球団に縮小した。さらに第2の合併を行い、10球団による1リーグに再編したほうがよいのではないか、という議論の中で、カープは合併候補の一つと目された。もし、それが実現すれば、広島からカープがなくなるかもしれない。これからも「広島の」カープであり続けてもらうためにも何か行動を起こす必要があるのではないか。

そんな機運が市民の間で高まったことから、新球場建設に向けた動きが一気に加速する。05年3月には、広島市、広島県、経済界、カープなどによる新球場建設促進会議が「新球場建設の方向性」をとりまとめ、同年9月には広島市が「新球場建設の基本方針」を定めた。並行して民間では、新球場建設のための募金活動が始まり、1年間で1億2千万円もの寄付金を集めるほどの盛り上がりを見せた。ところが、そうした広島の官民の熱意に冷や水を浴びせかける事態が発生する。

「05年11月に新球場の設計・施工コンペを開始したのですが、同時期に発覚した防衛施設庁談合事件の関係で、1グループを除き、他の応募者すべてが失格となったのです。残った1グループの案は条件付き最優秀案になりましたが、その条件がクリアされなかったことから、不採用に。結局、施工は通常の入札方式にして、設計コンペのみ改めて実施することにしました」

再度足踏みを強いられることになったわけだが、日高さんはあくまで前向きに、設計コンペの審査までの期間を有効活用することを考えたという。

「メジャーリーグ球場の設計実績のある設計者も応募する可能性があったので、この機にアメリカに行って球場を見て回ることにしました。カープの要望もあって新球場はアメリカ式の『ボ

### 新球場効果で入場者数が大幅アップ

下のグラフは、マツダスタジアム（08年までは旧広島市民球場）の年間入場者数の推移。マツダスタジアムのオープンを期に、急激に増加し、この3年は200万人の大台を突破している。

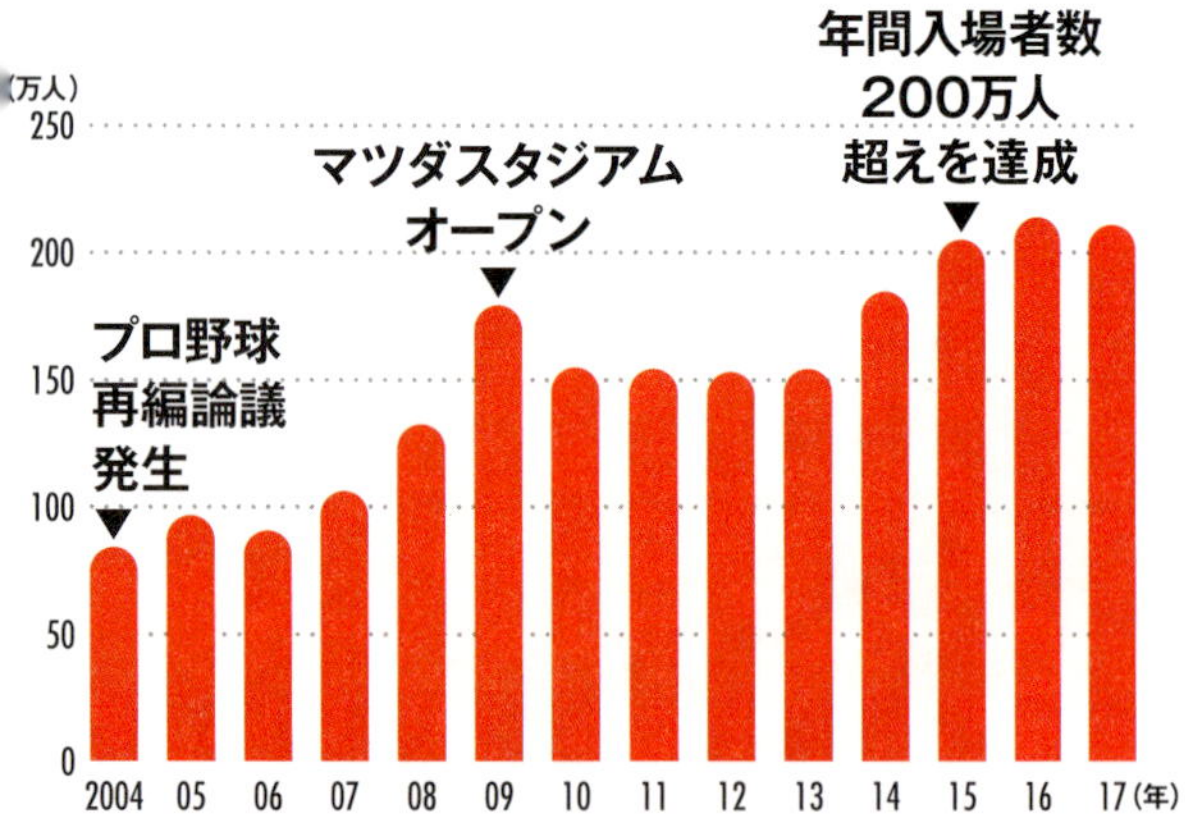

試合当日のマツダスタジアムのコンコース。カープカラーの赤いユニフォームやTシャツ、ハッピなどをまとったファンで賑わう。

### さまざまな観戦スタイルを提供

カップルや家族、グループなど、さまざまな客層のニーズに対応できるよう、多様な観戦スタイルを提供しているのも、マツダスタジアムの特長の一つだ。

**1** テーブル席でバーベキューを楽しみながら観戦できる「びっくりテラス」。**2** お茶の間でテレビ観戦するように寝そべることができる「寝ソベリア」。**3** わいわい団らんしたり、ゆったり観戦したり、さまざまな過ごし方ができる「パーティベランダ」。

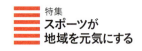

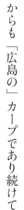

ールパーク』にする方針でしたが、それがどういうものなのか、説明されてもいまいちピンとこない。ならば、この目で見て確かめておこうと思ったのです」

## 誰もが楽しくすごせるボールパークの誕生

公務として認められなかったため、日高さんは同僚とともに有休をとって私費で渡米。9日間ほどかけて、西海岸の球団を中心に球場を見て回った。

「他の観光客と一緒にスタジアムツアーに参加したのですが、巻き尺を持って座席の幅や間隔などを測りながら歩いていたので、おかしな日本人だなと思われたかもしれませんね（笑）」

アメリカの球場で日高さんが特に印象に残ったのは、グラウンドが見えない席があることだという。

「野球を見ずに食事やパーティーなどを楽しむだけのスペースを設けているんです。それまでは、野球場であるからには、どの席からもグラウンドが見えなければならないと思い込んでいたのですが、観戦以外にもいろいろな楽しみを提供するのがボールパークなんだと気づかされました」

アメリカへの視察旅行で得た知見は、その後の設計や建設に向けた打ち合わせなどでも大いに役立ったという。

06年10月、設計コンペ審査の結果、東京辰巳国際水泳場や兵庫県立但馬ドームなどの設計を手がけた環境デザイン研究所会長の仙田満さんの作品が採用された。翌年11月から工事が進められ、09年3月、新たな広島市民球場が産声を上げる。最初の事業コンペから7年、用地取得費用も合わせると総額約145億円にも上る大事業は遂に完成を迎えた。しかし、日高さんは「ボールパークづくりに終わりはありません」と強調する。それは、来場者により快適で、より楽しめる環境を提供するために、常に改善・改良を施していくという意味に他ならない。

マツダスタジアムには、さまざまなシート（28ページ参照）を用意しているが、カープはシーズンごとに、来場者のニーズやリクエストなどに応じてサービス内容の見直しを行っている。また、夏場に雪遊びできるスペースを設けるなど、趣向を凝らした期間限定のイベントも実施し、常に新鮮な驚きや楽しみを来場者に提供している。

マツダスタジアムの完成を機に、広島での野球熱は一層の盛り上がりを見せる。完成初年度のシーズンでは、開幕から大勢の観客が訪れ、年間入場者数は前年より50万人近く増え、約180万人に（右上グラフ参照）。さらに、15年からは3年連続で200万人を突破。また、17年のリーグ優勝による経済効果は400億円にのぼるという試算もあるなど、ヒト・モノ・カネを動かす力には目を見張るものがある。

戦後、広島復興のシンボルとして長く市民に親しまれてきたカープ。その存在感は、マツダスタジアムとともに今後さらに高まっていくことだろう。

### 大人も子どもも楽しめる空間づくり

野球を見なくても楽しむことができる環境が整っているのが、ボールパーク。子どもたちの「遊び場」も充実している。

**4** カープのマスコット「スライリー」を象った巨大すべり台。**5,6** マツダスタジアムの夏の風物詩となっている「カープスノーパーク」。雪のすべり台や雪だるまづくりなどを楽しむことができ、子どもたちも大はしゃぎ。

設計者が語る

### ここがスゴイ！ 広島市民球場の魅力

球場をぐるりと周れる1周600mのメインコンコースや球場の外から無料で試合を観戦できる「ただ見エリア」など、マツダスタジアムには他の球場にはないユニークな設計を随所に施しています。左右非対称のデザインもその一つ。レフト外野席がJRの線路に面しているのですが、その方面の外壁を低くして、広島駅を発着する新幹線や在来線の窓から、乗客がグラウンドを見ることができるようにしています。マツダスタジアムができて以降、県外からの観客も増えたそうですが、新幹線から球場が見えるようにしたことが、その一助となったのであればうれしいですね。

仙田 満さん
環境デザイン研究所会長

# PART 3 地域特性を生かしたスポーツ

もともとそこにある自然資源や人的資源を活用したスポーツを自治体や地元企業が推進、人を呼び込める魅力的なコンテンツを創り出している。

柏崎市
ブルボン
ウォーターポロクラブ柏崎
御殿場市・湯河原町・伊豆市
スルガ銀行サイクリングプロジェクト
笠置町
ボルダリング映画『笠置ROCK!』
愛媛県・広島県
瀬戸内しまなみ海道サイクリング

サイクリングしまなみで、本州四国連絡高速道路を走るサイクリストたち（写真は来島海峡大橋。世界初の3連つり橋で全長4105m）。

### （愛媛県・広島県 サイクリングしまなみ）

# サイクリストの聖地で橋上を走る爽快感

瀬戸内しまなみ海道と島内の一般道を整備して、サイクリストをおもてなしする愛媛県。高速道路を走れる「サイクリングしまなみ」は、いまや世界各国のサイクリストに愛されるイベントになった。

取材・文●田中 弾　写真提供●サイクリングしまなみ2018実行委員会

山名富士さん
愛媛県 経済労働部
観光交流局
観光物産課

飯野重樹さん
愛媛県 経済労働部
観光交流局
観光物産課

## 瀬戸内の宝〝しまなみ〟に一人でも多くの笑顔を

愛媛県が〝サイクリング〟を切り口に、瀬戸内に浮かぶ美しい島々の地域おこしに取り組んでいる。きっかけは、2011年（平成23）、中村時広知事が世界一の自転車メーカー「ジャイアント」（台湾）の創設者、劉《りゅう》金標《きんひょう》氏と面談し、サイクリングは〝健康〟〝生きがい〟〝友情〟をプレゼントしてくれる貴重なもの、と感じたことだった。

翌12年には、「瀬戸内しまなみ海道」（以下、しまなみ）に興味をもった劉氏が来日。来島《くるしま》海峡大橋のスケールの大きさ、海上70mの高さから眺める多島美、島々をつないで走る楽しさに感激し、「ここはサイクリングのパラダイスだ」と最大級の賛辞を送った。

この言葉も後押しとなって、愛媛県はスポーツやレジャーを通じてしまなみを盛り上げる「自転車新文化」を策定。①自転車県としてのブランド化②おもてなし態勢の整備③自転車利用の普及・拡大④自転車の安全利用、の4つを軸にプロジェクトを推進している。

本州と四国を結ぶルートには、神戸淡路鳴門自動車道（兵庫県～徳島県）、瀬戸中央自動車道（岡山県～香川県）、本州四国連絡高速道路の瀬戸内しまなみ海道（広島県～愛媛県）の3つがある。そのうち「自転車歩行者道」を備えているのは、しまなみだけである。瀬戸内の宝を生かした創生が始まった。

## 前例のない一大イベント 高速道路を自転車が走る

「自転車新文化」をスピーディに進めてきたなかで、とりわけ大きなトピックは「瀬戸内しまなみ海道・国際サイクリング大会」（以下、サイクリングしまなみ）の開催だろう。愛媛県・広島県共催の「瀬戸内しまのわ2014」（3月26日～10月26日）のグランドフィナーレに、1万人のサイクリング大会を開催するというものである。しかも、コースの一部には本州四国連絡高速道路（以下、本四高速）を使用する。

「1万人規模の大会、なおかつ供用中の高速道路を交通規制するイベントは、当時としては前例がありませんでした」と観光物産課サイクリングしまなみ実行委員会の山名富士さんは振り返る。

愛媛県は本番に向けた実証実験として、13年に「サイクリングしまなみプレ大会」を実施。定員は3000人、距離は40km、60km、110kmの3コースとした。本四高速の交通規制は、自転車は片側車線のみ走り、もう一方は緊急車両の通行路にあてる。10mおき

### 自転車県としてのブランド化を促進

しまなみエリアの自転車道の整備（ブルーライン等）と「サイクリングしまなみ」開催により交流人口が増加。レンタサイクルの貸出台数も約3倍に伸びている。自転車通行料金の無料化も2018年まで延長される。

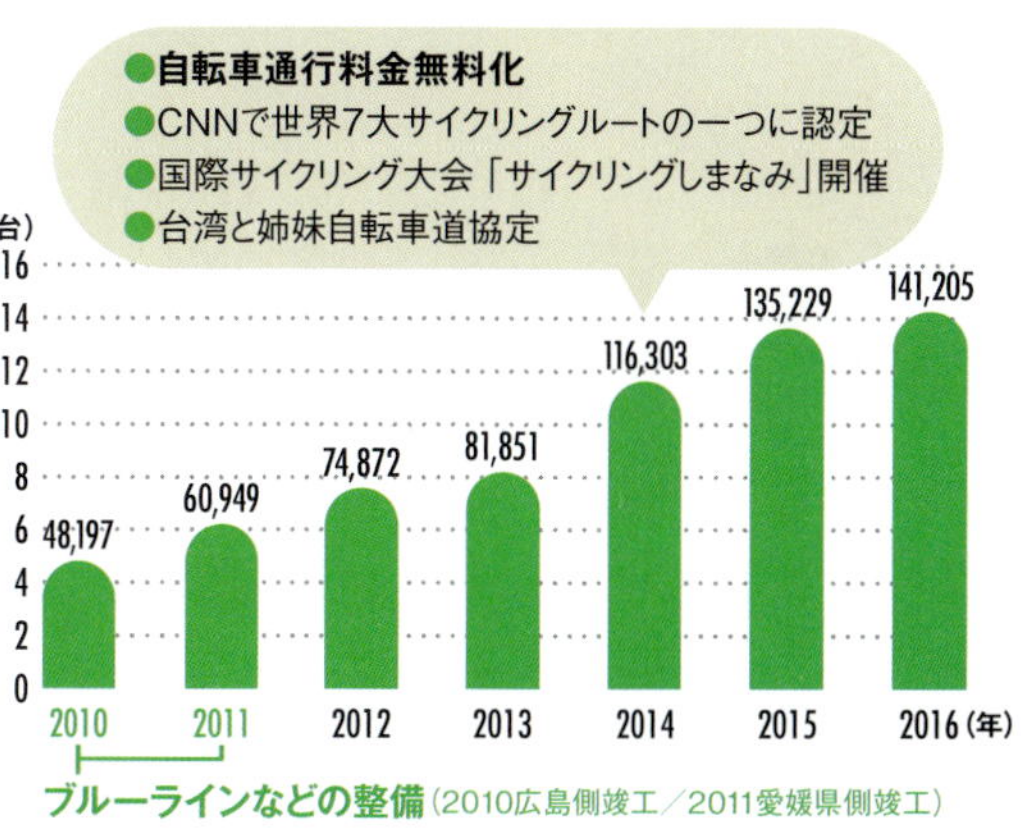

多々羅しまなみ公園には、サイクリストの聖地碑が立てられている。

## 「サイクリングしまなみ2018」開催概要

2018年10月28日（日）、4年に1度の大規模大会として開催。
定員7000人の全7コース（40km、70km×2、80km、110km×2、140km）。
本四高速の今治IC～因島南ICの交通規制を6時間掛けて行う。

## 過去2大会の実績

| | サイクリングしまなみ 2014 | サイクリングしまなみ 2016 |
|---|---|---|
| 参加定員 | 8,000人 | 3,500人 |
| 来場者数 | 約112,000人 | 約35,000人 |
| 経済波及効果 | 6億2,898万円 | 3億707万円 |
| 広告宣伝効果 | 8億3,373万円 | 2億2,449万円 |

1

3

2

4

1「高速道路上を自転車で走れる日本唯一のサイクリング大会!」、このわかりやすさが人を引きつける。2 各エイドには鯛飯やみかんゼリー、じゃこ天、焼き豚卵飯、レモンジュースなど、それぞれ名物が並ぶ。3 各島の一般道も走る。イベント開催に理解を示してくれる地元の方の応援も温かい。4 マップは最長140kmのコース。今治ICから高速道路に入り因島南ICまで走り、その後は一般道で尾道市へ。尾道市からフェリーで因島に渡り、各島内を巡って今治まで戻る。

に立哨員を配置して参加者の転落を防止する。大会中は島の方に代わりとなる交通手段（フェリー）を用意する。これらの条件を満たして協力を得た。

「当日は雨でしたが、参加者のみなさんに高速道路（今治IC～大島南ICの13km）を走っていただくことができました。スタート時間は会場付近の渋滞により20分遅れたものの、3時間の交通規制の間にコース設営から撤去まで完了しています。実のところ、交通規制が終わる4秒前に通行止めを解除できた、というドラマチックなエピソードもありましたが（笑）」

プレ大会で弾みをつけた愛媛県は、14年のサイクリングしまなみでも成功を収める。今治会場のキャパシティの関係で定員は8000人に変更されたものの、国内トップクラスの規模であることに変わりはない。スタート地点を分散して、コースは10に増やした。オペレーションはより複雑になったが、行政関係の職員、商工団体、地元のボランティアなど約5600人のスタッフで対応した。

そして、2年後の16年に再びサイクリングしまなみが開催される。当初は4年に1度の予定だったが、しまなみの自転車熱を継続させていこうと、2年に1度の中規模大会（定員3500人）の開催を決定したのだ。

現在、愛媛県は18年10月28日に開催予定の「サイクリングしまなみ2018」の準備を進めている。

「今治市から6000人、広島県尾道市から1000人がスタートします。コースは7つで、いずれも高速道路を走って楽しんでいただきます」

参加経験者は、次回は違うコースを選ぶ傾向があるため、常に多様性のある複数のコースを設定。橋を走るだけでなく、途中でフェリーに乗って上島町の島々を巡るクルーズなども人気とのことだ。

### 補給所に特産品が並び大会は海外からも注目の的

サイクリングしまなみはレースではなく、走りを楽しむ〝ファンライド〟である。これは過去の大会を経験してきた受け入れ側の地元の人もよく理解している。参加者と一緒に走って安全確保する移動監察員を務める飯野重樹さんはこう話す。

「走っていただく島には、それぞれに

土地柄がありますので、毎回エイドステーション（補給所）には各島ならではの特産品が並びます。食べる楽しみも〝自信あり〟です。それに、『しまなみが力を入れてやっているなら』と県内の他の自転車イベントも、おもてなしのレベルが向上しています」

サイクリングしまなみは、海外からの参加者も多い。14年大会は7281人のうち31の国と地域から525人、16年大会は3539人のうち9の国と地域から251人がエントリーした。国別では台湾が多い。過去にはジャイアントの働きかけで、松山空港にチャーター便が運航したこともあるという。傾向としては、愛媛県を訪れる外国人観光客はアジアが多く、広島県は欧米が多いそうだ。

「アクティビティのある観光が時流となっていますので、この機運を生かしたい。サイクリング大会は、その後に各地に足を延ばしていただくための貴重な機会と捉えています」

当面の目標は、インバウンドがエントリーの10％を超えること。サイクリストの聖地となったしまなみなら、十分に可能な数値に思える。

## 「サイクリングアイランド四国」構想を発表

愛媛県では、サイクリストの受け入れ環境も整備されている（「愛媛マルゴト自転車道」）。県内には、しまなみを含め28の自転車コースがあり、自転車の走行レーンを表すブルーラインを辿っていくと、迷うことなくコースを走れる。路肩には案内板や観光スポットまでの距離標が建ち、休憩スポットも開設している。サイクリストが、どこを走っても快適で、それぞれ魅力的な愛媛県を発見できるサイクリングパラダイスを目指している。

そして、さらなる構想が17年3月に発表された。「サイクリングアイランド四国」である。サイクルイベントでは、「○○を一周」といったコース設定がよくある。それを四国一周1000kmという壮大なスケールで行うのである。香川県、徳島県、高知県と連携して、四国が誇る、自然、海、文化、おもてなしの心を、五感で思う存分に感じてもらうべく準備を始めている。

## サイクリングを楽しめるエリアを拡大中

愛媛県がしまなみ海道の聖地化に続き打ち出しているのが、「愛媛マルゴト自転車」と銘打った県内全域の自転車道の整備（現在28ルート）。さらには四国を1周する自転車道も各県と連携して着手し始めている。

### 愛媛県の自転車振興策の流れ

四国四県の主要都市を通る自転車道を整備予定。

## おもてなし態勢の整備

サイクリストにやさしい環境づくりを進める愛媛県。各地に休憩所（サイクルオアシス）を設け、自転車ラックや案内板、注意喚起ピクトを設置するなどサポート体制を充実させている。

6

5

7

8

5 サイクリストへの注意喚起ピクト。海外サイクリスト向けに、中国語、韓国語、英語でも表示。6 JR四国、伊予鉄道らの協力で自転車を列車に持ち込むことができるサイクルトレインを運行。7 案内板を建ててサイクリストを観光スポットに誘導。路面に引かれているのが自転車走行レーンを表すブルーライン。8 トンネルではクルマへの安全配慮を促す。

シュートを放つブルボンKZの筈井《はずい》 翔太《しょうた》選手。水球は「水中の格闘技」とも呼ばれるほどの激しさが魅力のスポーツだ。

（新潟県 柏崎市 ブルボンウォーターポロクラブ柏崎）

# マイナー競技だからできることがある！「水球」がまちおこしのシンボルに

**中越地方の西端、日本海に面した人口約9万人の都市、新潟県柏崎市。同市では現在、「水球のまち」の看板を掲げ、水球の普及に力を入れている。その取り組みのキーマンに、柏崎と水球の深く長い関わりについて聞いた。**

取材・文●日比忠岐（エディ・ワン）　写真提供●ブルボンウォーターポロクラブ柏崎

## 日本最大級の水球クラブを擁するまち

水球とは、7名で構成された2つのチームが、プール内につくられたコートの中で、ゴールにボールを入れ合い、点数を競う競技だ。新潟県柏崎市を拠点とするブルボンウォーターポロクラブ柏崎（略称、ブルボンKZ）は、日本の水球界におけるトップチームの一つとして知られている。

所属選手数はジュニアも合わせて総勢約150名。これは国内の水球クラブでは最大級のビッグクラブである。実績も出色だ。2009年（平成21）の創設以来、日本選手権での優勝1回、準優勝4回、3位2回と表彰台の常連となっている。さらに、16年に行われたオリンピックのリオ・デ・ジャネイロ大会には、4名の代表選手を送り込むなど、創設からわずか8年の若いクラブながら、日本の水球界において確固たる地位を築いている。

いまや柏崎市民の誇りともいえる同クラブだが、創設時は監督兼選手がたった一人という状況からのスタートだったというのだから驚きだ。クラブの創設者であり、現在はブルボンKZ理事（兼指導者）を務める青柳《あおやぎ》勧《かん》氏にクラブを立ち上げた経緯を聞いた。

「そもそものきっかけは、09年の夏、柏崎市にある新潟産業大学の広川俊男学長（当時、17年9月逝去）から、同大学水球部の監督になってくれないかと勧誘されたことでした」

## 水球強豪国から柏崎へ エリート選手の決断

広川さんは同大学の水球部監督を長く務めた人物であり、青柳さんとは筑波大学の先輩・後輩の間柄でもあった。しかし、青柳さんはすぐには承諾することができなかったという。

「当時の私は、水球の強豪国として名高いモンテネグロのクラブで、プロ選手として活動していました。年齢は29歳。選手として心技体ともピークに差し掛かろうとしていた時期です。そんなときに、ヨーロッパの強豪国と比べれば、はるかに競技レベルが落ちる日本に戻り、しかも競技者ではなく指導者を務めるというのは……」

その一方で、青柳さんには、これは長年抱き続けてきた「日本の水球を強化して、オリンピックの常連国にする」という夢を実現するチャンスなのではないかという気持ちもあった。

「ヨーロッパの水球強豪国でプレーした経験から、日本の水球発展のためには『クラブ』が不可欠であると実感していました。でも、日本には水球選手が社会人となって本格的にプレーする環境がない。大学卒業後もトップレベルで競技を続けたければ、大学院に進学するか、私のように海外に渡ってチームを探すしかない状況でした」

社会人のトップ選手の受け皿となるクラブをつくる。それが青柳さんの引退後の青写真だったが、広川さんの勧誘に応えることで、その夢を一足早く実現できるかもしれないと考えたのだ。

「クラブを運営するためにも、いずれ経営を学びたいと思っていましたが、新潟産業大学でなら、それもできる。しかも、柏崎市には水球クラブが発展できる土台があるのも魅力でした」

悩み抜いた末、青柳さんは広川さんの申し出を受けることを決断する。

## 柏崎が育んだ水球の歴史に注目

なぜ、青柳さんは、「柏崎市には水球クラブが発展できる土台がある」と見抜いたのか。

青柳さんによれば、水球に限らず、特定のスポーツがそのまちの「顔」となるためには、3つの条件があるという（左図参照）。

上の写真は現役時代の青柳さん。当時史上最年少となる高校3年生で日本代表に選出されるなど、長年にわたり水球界屈指のトップアスリートとして活躍した。

**青柳 勧**さん
ブルボンウォーターポロクラブ柏崎
理事（兼指導者）

## スポーツによる 地方創生を成功させる3つの条件

青柳さんによれば、特定のスポーツで地域を盛り上げるには、以下の3つの条件を満たしている必要があるという。

**その競技の長い歴史がある**
住民に馴染みのないスポーツでは、その地域の行政や企業の支援を受けることが難しくなりがち。また、競技者もそれほど多くないことになるので、発展の余地が小さい。

**強い選手を集めることができる**
強い選手やチームが存在し、大会で優勝したり活躍したりすることで、まちは盛り上がり、そのスポーツに対する興味や関心を継続させることができる。

**施設が整備されており、大きな大会を誘致できる**
大きな大会を誘致することで、ふだん注目されないマイナー競技にも強化予算がつき、それが競技の急速な発展を後押しすることも。ただし、大会用の施設の整備が必須。

「一つは、その競技の長い歴史があること。そのまちと競技とのつながりも深くなるので、行政や住民、企業の協力が得やすくなります」

柏崎市の水球の歴史は50年以上にも及ぶ。きっかけは、1964年（昭和39）の第19回国民体育大会（新潟国体）夏季大会で柏崎市が水球会場に選ばれたこと。当時の同市には水球チームがなかったため、県立柏崎高校の水泳部の部員で水球チームを編成し、集中的な強化に取り組んだという。ところが、大会を目前に控えた64年6月16日、新潟地震が発生。残念ながら国体は中止となるが、柏崎高校チームは64、65年と高校選手権2連覇を達成するなど、高校水球界で一時代を築くに至った。

## 充実した施設と選手強化の可能性

二つめの条件は、設備が整備されており、大きな大会を誘致できること。

「オリンピックとまではいかなくても、国体クラスの大きな大会が開催されれば、ふだん注目されないマイナー競技にも強化のための予算がつきます。それがブレイクスルーのきっかけになることもあります」

そのためには、大会を誘致できる施設や設備が必要だが、国体招致のために競技場を建設しますといって、容易に認められる時代ではなくなっている。優良な施設をすでに所有しているかどうかがカギとなる。柏崎市における水球という視点で見ると、日本水泳連盟公認の50mプールに加え、充実した設備のトレーニング室を兼ね備えた新潟県立柏崎アクアパークの存在が頼もしい。実際、09年9月の第64回国民体育大会では、ここが水球会場に選ばれている。なお、ブルボンKZは創設以来、柏崎アクアパークを拠点としている。

最後の第三の条件は、強い選手を集められること。

「大きな大会で優勝したり、金メダルを取ったりすれば、まちは盛り上がりますし、行政や企業のサポート意欲も高まります。それが競技のさらなる発展へとつながっていくのですが、そのためには、才能ある選手を集め、強化できる環境が必要となります」

柏崎市には、ジュニアレベルでは04年に立ち上げられた柏崎アクアクラブ（15年にブルボンKZと統合）がある。小学生から高校生までの選手強化はここが担ってくれる。大学レベルでは、新潟産業大学の水球部がその役割を果たすことができる。そこに青柳さんが

**子どもたちへの普及活動にも力を入れる**
「まちのスポーツ」を目指すからには、クラブが強いだけでは十分とはいえない。水球を通じた地域貢献活動にも力を入れる。

ブルボンKZでは、創設間もないころから柏崎市の教育機関と連携し、所属選手を講師として市内の小学校に派遣し、水泳授業を行ったり、水球大会を開催したりしている。

創設するクラブが加われば、あらゆる年代の選手を受け入れ、強化できる環境が整うというわけだ。

このように、柏崎には水球がまちのスポーツとして発展していける土台があったのだ。

09年10月、青柳さんは水球のプロ選手から、水球部の監督兼選手として新潟産業大学の職員に転身。同時に柏崎水球クラブを設立する。

「クラブといっても、所属するのは監督兼選手の私一人という状況でした」

## たった一人の水球クラブ 営業活動に奔走する

課題は山積みだったが、まず取りかかったのは、選手を集めることと、スポンサーを見つけることだった。

選手集めに関しては、日本代表チームのメンバーを中心に勧誘の電話をかけ続けた。青柳さんの熱意に動かされて、一人、また一人と選手が集まってきた。スポンサーに関しては、地元の大手製菓会社のブルボンがクラブのネーミングライツを取得してくれたことが、大きな影響をもたらしたという。

1924年（大正13）に柏崎で創業したブルボンだが、その前年の関東大震災の折、震災の影響で地方への菓子供給が全面的にストップした窮状を見て、初代社長の吉田吉造氏が「地方にも菓子の量産工場を」と決意したことが、事業立ち上げの発端となっている。

そうした創業の経緯もあって、同社は地域貢献活動にも非常に熱心な企業として知られており、これまでも地元のさまざまなスポーツ・文化活動を支援してきた。「柏崎を水球で盛り上げたい」という青柳さんの熱い思いに共鳴したのも、当然といえるだろう。

地域の経済界を代表する企業の一つであるブルボンが支援者に名を連ねたことで、他の企業も続々とあとに続きだした。資金面での支援だけでなく、中には選手の就労先として手を挙げてくれる企業もあった。

「おかげで選手の勧誘も随分楽になりました」と青柳さんは感謝の面持ちで振り返る。

クラブ創設からちょうど1年後の10年10月。日本選手権に初出場した柏崎水球クラブ改めブルボンウォーターポロクラブ柏崎は、見事3位に輝く。

「本気で優勝を目指していたので結果は残念でしたが、『柏崎にブルボンKZあり』という存在感を示すことはできたのではないかと思います」

競技面での実績に加え、水球教室の開催などによる地域への貢献も評価され、17年には柏崎市に「水球のまち推進室」が設立されるなど、青柳さんが思い描いた青写真は着実に現実のものとなりつつあるが、本人は「まだまだ始まったばかりです」という。

「いまは20年の東京オリンピックに向け、自治体も企業もスポーツ振興に力を入れています。でも、オリンピック後もそれが続くとは限りません。将来にわたって柏崎が『水球のまち』であり続けるためにも、持続可能な仕組みづくりを進めて行く必要があります」

日本を水球強豪国に。柏崎をその中心に。その目標が実現する日まで、青柳さんの歩みが止まることはない。

## 柏崎を「水球のまち」に ～ブルボンウォーターポロクラブ柏崎の歩み～

所属選手は兼任監督の青柳さんのみという状態からスタートしたブルボンKZだが、わずか3年で全日本選手権に優勝するなど、急速な発展を見せている。

**2009年10月** 青柳氏、新潟産業大学職員に着任。同時期に柏崎水球クラブを設立し、スポンサーおよび選手獲得に奔走。

**2010年3月** 株式会社ブルボンによる支援を獲得。ネーミングライツにより、ブルボンウォーターポロクラブ柏崎（ブルボンKZ)と改称。

**10月** 選手10人のチームで初出場した日本選手権で3位入賞。

**2011年** 新潟県より「地域の核となるスポーツ振興事業」の指定を受ける。柏崎市内の各小学校での水球指導の取り組みを始める。

**2012年10月** 日本選手権で優勝。

**2015年4月** 女子チームを設立。

**7月** ジュニア水球チームの柏崎アクアクラブと統合。総勢約150名のビッグクラブに。

**2017年4月** 柏崎市が「水球のまち推進室」を設立。

**10月** 一般社団法人ウォーターポロクラブ柏崎として法人化。日本選手権で男子チームが準優勝。女子チームはベスト8進出。

ブルボンKZが拠点とする柏崎アクアパークは50m×25mの本格的な競泳プールを備える。

日本選手権初優勝時の選手とチームスタッフ。青柳さん（右端）もチームのエースとして活躍した。

ブルボンKZジュニアチームの選手たち。この中から、将来の日本代表選手が現れるはず。

BOURBON WATER POLO CLUB KASHIWAZAKI

クラブのロゴやマスコット、チームウェアや水着などのデザインは有名デザイナーの山本寛斎氏が手がけた。

プレミアムライドのガイドは2004年アテネオリンピック代表の田代恭崇さん（先頭）が務める（写真は河津七滝ループ橋）。

（静岡県・神奈川県 スルガ銀行ロードバイクプロジェクト）

# 銀行がサイクリストを集め 自転車で富士・伊豆を活性化

**静岡県沼津市に本店を置き、県内に66店舗を持つスルガ銀行（全国133店舗）は、お膝元である富士・伊豆エリアでサイクリングイベントを積極的に開催。地元の人がサイクリストと触れ合う機会を週1回のペースで提供している。**

取材・文●田中 弾　写真提供●スルガ銀行

## 富士・伊豆エリアを巡るプレミアムライドを開催

スルガ銀行（以下、スルガ）は、他の銀行にない試みを行っている。それが2015年（平成27）からスタートした「スルガ銀行プレゼンツ プレミアムライド」である。10年、業界初となる「ロードバイク購入ローン」の販売をきっかけに、11年に御殿場東、13年に湯河原、17年に天城湯ヶ島の支店にサイクリングの拠点となるサイクルステーションを開設。少人数（約20名）のサイクリングイベントを開催している。

サイクリストにとって富士・伊豆エリアは、風光明媚な景色に〝脚応え〟のある起伏が魅力的な地。プレミアムライドは、そんな中上級者向けのチャレンジングなコースをガイド&サポートカー付きで走れるとあって人気が高い。15年に15回、16年に27回、17年に25回行われたが、常に定員に達している。

近年、コンビニATMの普及で銀行の店舗を訪れる人は減少傾向。ところが、スルガには色鮮やかなジャージ姿の人が訪れる新しい光景が広がる。

**深田聡朗さん**
スルガ銀行
ロードバイクプロジェクト
キャプテン

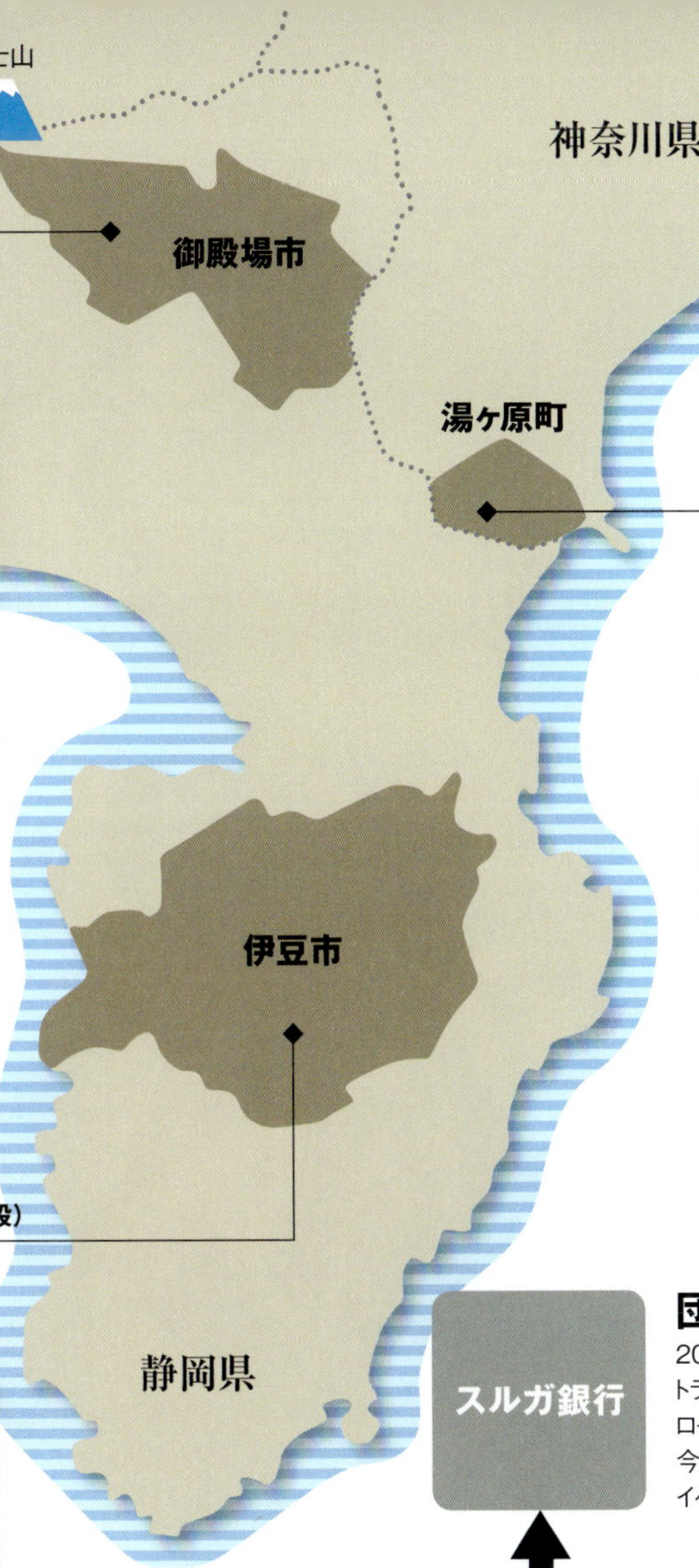


## 銀行に併設するサポート施設

自転車ラック、ロッカーなどを備えたサイクルステーションを開設。
スルガ銀行と取引のある方は無料で使用できる。
拠点ができたことでプレミアムライドが生まれた。

**サイクルステーション 御殿場（2011年11月開設）**

御殿場東支店の建て替えを機に開設。自転車整備スペース、キッチン、AV施設なども完備。富士山方面へのアクセスが良く、富士山一周ライドなどを実施。

**サイクルステーション 湯河原（2013年7月開設）**

湯河原支店の建て替えを機に開設。足湯施設があり、サイクリング後はゆっくり疲れを癒すことができる。伊豆横断 湯河原〜沼津山岳ライドなどを実施。

**サイクルステーション 天城湯ヶ島（2017年8月開設）**

ATMのみ稼働させていた旧店舗をサイクルステーションにリニューアル。修善寺に近く、利用される方には日帰り温泉施設なども紹介している。

## 団体・自治体とイベントを共催

2020年の東京オリンピックでは、
トラック競技は修善寺のベロドロームが会場に、
ロードレースは小山町がゴールになる予定。
今後、自転車の機運がより高まることから、
イベント共催のスピードを加速させていく。

スルガ銀行

↕ 自転車パートナーシップ協定を締結

静岡県 小山町

美しい伊豆創造センター
（伊豆半島7市6町）
沼津市・熱海市・三島市・伊東市
下田市・伊豆市・伊豆の国市
東伊豆町・河津町・南伊豆町
松崎町・西伊豆町
函南町

## 自治体や団体と連携 地域おこしの一翼を担う

プレミアムライドはSNSでも多く拡散され、これが県内の自治体や団体から注目を集める。16年、沼津市を始めとする3市1町で構成する「狩野川周辺サイクル事業推進協議会」からイベント共催の申し出があった。イベントの円滑な運営のために、プレミアムライドのノウハウ提供を期待されてのことだ。「われわれがやってきたことが地域創生につながるなら、と喜んで引き受けました」とプロジェクトをけん引する深田聡朗さん。

スルガとしても地元に人が来てくれるのは歓迎すべきこと。自社で用意するスタッフの人件費などは社会貢献活動の一環として負担した。

現在スルガは、沼津市と総合的な協力体制をとる戦略的パートナーシップ協定を始め、20年の東京オリンピックを前に、小山町と「美しい伊豆創造センター」（伊豆半島7市6町）とも自転車に特化した協定を結んだ。それゆえ共催イベント数も多く17年は18回。プレミアムライドと合わせると、ほぼ週1回のペースで開催している。

「地域おこしは、受け入れる側も楽しみながら取り組むことが継続のためのポイントだと思います。サイクリストは活動的で朗らかな方が多く、彼らの人柄を知れば、誰でも参加に前向きになるはず。まずは、そのきっかけを地元の人に差し上げること、これがスルガ・ウェイ（夢のお手伝い）と考えています」

住民製作の子ども用ボルダリングウォールで練習する子ども。

（京都府 笠置町　映画『笠置ROCK!』）

# 住民出演の映画『笠置ROCK!』で、笠置の魅力を全国に発信

**知る人ぞ知るボルダリングの聖地、京都府笠置町。町では昨年、日本初のボルダリング青春映画『笠置ROCK!』を制作した。東京五輪の正式種目に決まり、注目の集まるボルダリングを、観光の目玉としようと意気込む町役場の担当者に、話を聞いた。**

取材・文●片山幸子（エディ・ワン）　写真提供●笠置町

## ボルダリング映画でネガティブイメージを払拭

京都府の最南端に位置する笠置町。その人口は約1400人と、西日本で最も少ない。2015（平成25）年には、前年の年間出世児数がゼロだったことが全国紙でも大々的に報じられた。このまま推移すれば、2040年の人口は700人を切るとも予想されている。

「人口の少なさばかりが注目されるネガティブなイメージを払拭しようと、まちの魅力をPRする映画を制作する計画が持ち上がったのは、昨年のことです」

そう語るのは、笠置町企画観光課の小林慶純さんだ。もともと笠置には、後醍醐天皇にゆかりある笠置寺や、日本最古最大級ともいわれる弥勒大摩崖仏といった観光資源が多くありながら、それらを外にうまく発信できていなかった。そうした長年の問題意識も、映

「ボルダリングの聖地」、木津川の河原。

小林慶純さん
笠置町企画観光課

画制作のきっかけとなったという。

「笠置で男性ロックバンド『ココロオークション』のプロモーションビデオを制作した京都市の映像制作会社『シネマズギックス』の馬杉雅喜監督に相談したところ、『ぜひ、ボルダリングをテーマに』ということになりました」

ボルダリングは、ロープを使わず手や足で人工の壁を登るスポーツ。東京五輪の新競技に決定したことで注目度が高まっている。実は笠置には、ボルダリングにうってつけの天然岩が数多くあり、愛好家には「聖地」として、数十年来親しまれてきた。

町役場と監督とで話し合いを重ねるうち、笠置町で開催されるロック（岩）フェスを、音楽のロックフェスと勘違いしてやって来た青年がボルダリングに熱中するうち、やがて笠置の魅力にも気づくというストーリーが完成した。

「ヒロインには、アジアユース2冠を達成し、東京五輪での活躍にも期待のかかるプロクライマー、大場美和さんを起用しました。『笠置ＲＯＣＫ！』には、プロの役者はほんの数人しか出演していません。主役の古舘佑太郎さんとヒロイン以外のほぼ全てのキャストは、住民オーディションで選出しています」

笠置の魅力を余すところなく伝えるためには、どうしても住民の出演が必要と考えたためだ。主要キャストに選ばれた住民は、プロによる演技指導を受けて、撮影に臨んだ。

## ボルダリングの世界大会開催を目指して

当初は映画の制作に否定的な住民も多かったというが、撮影が進むうち、「町が何か面白いことをやっているらしい」との噂が広がり、ボランティアに手を挙げる住民が増えた。

「ロケの移動車を手配したり、炊き出しの用意をしたりと、最終的にはほぼ全ての住民が、何らかの形で映画の制作に携わってくれるようになりました」

映画の主たるテーマはボルダリングだが、紅葉に染まる笠置山や、伝統の盆踊りである笠置音頭など、笠置の魅力を随所に盛り込んだ。

「何よりの収穫は、映画制作を通じ、住民自らが笠置の魅力を再認識したことですね。『笠置を自分たちの手で、もっとよくしたい』と、主体的に動く人も増えました。例えば、映画制作後に住民有志が立ち上げた『笠置広報部』は、映画やまちのイベントなどのＰＲを、積極的に行っています」

「笠置ボルダリング少年団」も、住民主導で発足。子どもたちは住民お手製のボルダリングウォールで、楽しく練習しているという。これまで、住民のほとんどはボルダリングに無関心だったが、映画をきっかけに、「ボルダリングの聖地であることを、笠置の強みにしよう」との機運が高まっているのだ。

「町役場でも、ボルダリングの世界大会などを誘致できないかと計画しているところです。今後も住民と力を合わせ、ボルダリングを観光政策の目玉とできるよう、注力していきたいですね」

## 1400人の住民総出で制作した『笠置ROCK!』

『笠置ROCK!』の制作時、住民は出演のみならず、ロケ車の運転手やスタッフの宿泊場所の世話なども行った。まさに住民の総力を結集した映画だ。

1 ヒロインの大場美和さん。2 この映画のために30年ぶりに復活させた、笠置音頭の撮影風景。約200人の住民が参加した。3『笠置ROCK!』チラシ。

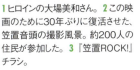

# 対談
# スポーツには地方への人の流れをつくる大きな力がある

アルビレックス新潟 会長
NSGグループ 代表
池田弘
×
スポーツ・ジャーナリスト
株式会社スポーツコミュニケーションズ代表取締役
二宮清純

政府が中心となって、地方創生の実現のため、さまざまな施策が講じられてきた。しかし、東京への一局集中への流れは止まっていない。地方創生という大きな課題に、スポーツはどのような役割を果たすことができるのか。プロサッカーチームのアルビレックス新潟をはじめ、新潟で11ものスポーツチームを運営する池田弘さんに、スポーツ・ジャーナリストの二宮清純さんが話を聞いた。

構成●永峰英太郎 撮影●大倉琢夫

*Seijun Ninomiya*

1960年、愛媛県生まれ。
オリンピックやサッカーW杯など国内外で
幅広く取材活動を展開。
地域密着の総合型スポーツクラブづくりにも取り組む。
東北楽天ゴールデンイーグルス経営評議委員、
日本サッカーミュージアムアドバイザリーボード委員なども務める。
株式会社スポーツコミュニケーションズ
代表取締役。

## アルビレックス効果でスポーツの裾野が拡大

**二宮**　かつて「スポーツ不毛」の地と言われた新潟に、プロサッカーチームのアルビレックス新潟が誕生したのが、1996年（平成8）。その4年後には、バスケットボールで日本初のプロチームとして新潟アルビレックスBBも生まれました。そして今では、野球、陸上競技、スキー・スノーボード、レーシング、チアリーディングといった具合に、競技は多種多様です。そのすべての運営に関わってきたのが池田さんですが、この20年を総括すると、どのような手応えを感じていますか。

**池田**　いずれのスポーツも、私たちの方針は「地域密着型」であり、一人でも多くの選手が、新潟出身であってほしい思いがあります。あるいは全国のスポーツチームで、新潟出身の選手が活躍してほしい。それだけに、私どものグループでは、大学や高校、専門学校の運営を通じて、スポーツ選手の育成に力を注いできました。

　例えば、新潟医療福祉大学では、硬式野球部、男女サッカー部、男女バスケットボール部、水泳部など、9つの強化指定クラブがあるのですが、水泳部でオリンピック候補が出始めるなど、その芽は着実に育ってきています。硬式野球部に所属していた笠原祥太郎投手は、16年のドラフト会議で、中日ドラゴンズからドラフト4位指名を受け入団し、ルーキーイヤーの17年9月18日、初勝利を飾りました。また高校に関しては、例えば、開志国際高等学校ではアスリートコースを設けており、才能あるスポーツ選手の育成に励んでいます。

　こうしたスポーツ選手の育成と、その受け皿となる、多種多様なスポーツチームの運営を通じて、新潟のスポーツ人口の裾野はものすごく広がった実感はあります。そして、さまざまなスポーツにおいて、日本代表やオリンピック選手、あるいはプロの選手が輩出されていることで、彼ら彼女たちに続こうとする子どもたちが出始めているという手応えも感じていますね。

**二宮**　その中心にいるのが、まさにアルビレックス新潟ですが、17年シーズンは、04年以降、守り抜いていたJ1への残留は厳しそうです（編注：取材は10月27日）。

**池田**　大きな要因は、強化の失敗です。アルビレックス新潟では、小学生向けにサッカースクールを開校していますが、J1に昇格して以来、横ばい状態が続いているんです。ユースについても、7～8年前までは、各世代ごとに代表に入っていましたが、最近は出なくなっている。地域密着の方針のもと、J1に地元の選手が半分くらいはいて、地元に愛されるチームを目指しているのですが、今は、J1に上がれる選手がいないんです。ユースの環境は、日本でもトップレベルです。それだけにアカデミー全体で指導体制に問題があったと捉え、全部の見直しを進めている状況です。

**二宮**　J2に降格しても、アルビレックス新潟のサポーターは熱心なので、観客数はそうは減らないでしょうね。

**池田**　私たちの取り組みに掛かっていると思っています。J1に昇格する前のJ2在籍時の03年シーズンの観客数は年約67万人で、これは二部リーグとしては、世界一なんです。その後、J1昇格後3年間は、1試合平均4万人の満員状態が続きましたが、今はその半分の2万人です。J1の中では4～5位の観客数なのですが、新規の

*Hiromu Ikeda*

1949年、新潟県生まれ。
77年、愛宕神社宮司に就任。
同年、新潟総合学院を開校。理事長に就任。
現在は、32校を数える教育機関、病院や高齢者入所施設などの医療・福祉機関などからなるNSGグループの代表を務める。
96年に株式会社アルビレックス新潟の代表取締役に就任（現在は取締役会長）。
起業支援にも力を入れている。

日本初のプロバスケットボールチーム「新潟アルビレックスBB」のホームアリーナ「アオーレ長岡」。屋内スポーツをはじめ、コンサートなど多目的に利用できる。©NIIGATA ALBIREX BB

サポーターがJ1の中で一番少ない。裏を返すと、若者へのアプローチが足りないということなんです。

なぜ若い人が少ないのか、いろいろ調べていくなかで、若い世代のコミュニケーションツールであるSNSへの対策を怠っていたことが明らかになりました。ツイッターやフェイスブックのアカウントはありましたが、積極的なアプローチをしてこなかったんです。今は、新しいSNS専門の会員制度などをつくり、若い世代を獲得するための大改革に乗り出しています。

## スポーツの盛り上がりが地方へのUターンを増やす

**二宮**　今、政府は地方創生を打ち出して、さまざまな施策を行っていますが、地方の危機は深刻で、若者の中央志向は高まり続けています。その中で、スポーツが果たす役割は大きいと思うのですが……。

**池田**　私どもでいえば、アルビレックス新潟はじめ、さまざまなスポーツチームをNSGグループで応援していることで、新潟で事業を興したいという志を持って、当グループに入るUターンやIターンの若者が増えているんです。

スポーツで盛り上がった地域は、スポーツ好きな人が中心となるため、イメージは明るいですよね。それだけに関心を持ってもらえるチャンスは多いですし、そこに住んで、仕事をしたいという人も出てくると思います。スポ

**若者の中央志向、一極集中が進むなか スポーツの役割は大きいと思います**
（二宮）

「アルビレックス新潟」のホームスタジアム「デンカビッグスワンスタジアム（新潟スタジアム）」。収容人員は42,300人。©ALBIREX NIIGATA

ーツは、地方への人の流れを作るための大きな力になると、私も強く感じています。

**二宮**　それでも一極集中化の流れは、なかなか止まりませんね。

**池田**　若者が東京に出ていくのは、やりがいのある職場とそれに見合った給与があるからなんです。実際、内閣府の調査では、40歳以上の人が、やりがいのある仕事があれば、自分の出身地を含めて、地方で自分の経験や能力を発揮したいと答えています。また、20代の若者の50%が、チャンスがあれば、地方に貢献したいということなんです。しかしながら、彼らは東京に居続けている。

**二宮**　戻りたい気持ちはあるものの、やりがいのある職場がない。つまり、受け皿がない。

**池田**　そうです。今、地方が一番すべきことは、未来が描けるやりがいのある職場をつくる――これに尽きるんです。とはいえ、ベンチャーを起こしたり、事業再生を行うということは、口で言うほど容易なことではありません。そこで地域の中核企業が〝中核〟となって、ベンチャーの育成や企業再生のサポートをすることが大切です。さきほどNSGグループでは、事業を興したい若者が入ってきていると言いましたが、これは、彼らの思いを受ける仕組みをつくっているからなんです。

もちろん地域の中核企業は、これまでの経験を活かして、自分たちでイノベーションを起こすことも大事です。

**地方に戻りたい若者はじつは多い。未来を描ける、やりがいのある仕事づくりが必要です**
（池田）

東京五輪の開催で
東京への一極集中が
加速する懸念を
私は抱いています
（二宮）

でも、それだけでは物足りません。地方で新しい挑戦をサポートすることも、大切な役割なんです。

また、昔の日本では、地域の旦那衆が見返りなしで若い人の挑戦を支援する仕組みがありました。新潟では、ベンチャー企業に投資する、経済産業省の認定を受けたファンドを通して出資した企業が、出資額の5割を限度として損失準備金を積み立て、損金算入できる「旦那ファンド」も生まれています。こうした仕組みをもっと整えていくことも大切になるでしょう。

**二宮**　そうすることで、やりがいのある職場が生まれ、地方で職きたいという人の受け皿ができる。

**池田**　そのとき、一つ大きな問題となるのが、給与面かもしれません。地方であれば、居住費などが安く、少しくらい給与が下がっても問題ないという意見もありますが、子どもの海外留学や進学など、教育に掛かる費用は全国一律です。それゆえ、いくらよい職場でも、給与面がハードルとなることも多い。そこで私どもが提案しているのは、地方に移って給与が下がる分を、3年くらい補填するような仕組みを、国の施策で整えるというものです。あるいはベンチャーを起こす人に補填してもいいと思います。補填を受ける3年の間、必死に頑張ることで、東京で仕事をしていた頃と同じくらいの給与はとれるようになりますから。

日本人はチャレンジ精神がないと、よく言われますが、そんなことはない。第2次世界大戦後、焼け野原から立ち上がったわけじゃないですか。自立心はあるんです。しかし、高度成長であまりに豊かになってしまい、社会全体が安定志向になってしまった。それだけに、地方からチャレンジする風土をつくり、いろいろな地方で、いろいろな個性あふれる地域社会を作り出すことが大切だと考えます。

## スポーツでQOLを上げ、高齢者が元気な地域に

**二宮**　1964年（昭和39）の東京オリンピックは、日本が戦後復興を果たした象徴であり、大成功したと言われています。しかし、その一方で、一極集中の起点ともなったイベントだと、私は考えているんです。そして次の2020年の東京オリンピックでも、また同じことが起きるのではないか。これは懸念材料です。

**池田**　今後、一極集中が止まらなければ、保育所の数はどんどん足りなくなりますし、高齢者を介護する人もどんどんいなくなります。外国人を雇用するといっていますが、そんな社会で「1億総活躍社会」なんて成り立つわけがないんです。東京に投資をしても、もはや解決する糸口はない。もっといえば、東京に一極集中していけば、同質

## 「アルビレックス」は11のチームをもつ総合スポーツクラブ

### サッカー
1 アルビレックス新潟
2 アルビレックス新潟レディース
3 アルビレックス新潟・S
4 アルビレックス新潟バルセロナ

### バスケットボール
5 新潟アルビレックスBB
6 新潟アルビレックスBBラビッツ

### 野球
7 新潟アルビレックスBC

### チアリーディング
8 アルビレックスチアリーダーズ

### ウインタースポーツ
9 チームアルビレックス新潟

### 陸上
10 新潟アルビレックスランニングクラブ

### モータースポーツ
11 アルビレックスレーシングチーム

地域とともにあるチームという精神のもと、複数のスポーツ分野で「アルビレックス」の名を冠する11のスポーツチームが生まれた。現在ではトップアスリートを輩出するまでに成長。今後もジャンルを増やし、総合スポーツクラブに向けた挑戦を続けていく。

化社会が進み、差異が許されない世の中になってしまう。それは日本にとってマイナスでしかありません。それだけに、地方にやりがいのある職場を多くつくることが求められるのです。

**二宮**　こうした地方創生を推し進めるなか、スポーツからのアプローチとして、政府は「スタジアム・アリーナ構想」を打ち上げました。スポーツの施設だけではなく、医療施設、介護施設、保育園、スーパーマーケットもあるというワンストップとオールインワン型を求めていくというものですが、このあたりの取り組みは、どのように捉えていますか。

## 同質化が進み 差異を許さない社会は 日本にとって マイナスでしかありません
（池田）

**池田**　私どもで一番モデルとなっているのは、新潟アルビレックスBBのホームアリーナである「アオーレ長岡」ですね。このアリーナは、スポーツだけではなく、音楽や文化イベントも開催するなど、いろいろな複合施設になっています。サッカースタジアムについても、地域に溶け込んできている今、音楽イベントとジョイントするなどして〝まちの中核の施設〟として活性化させていきたいと考えています。

**二宮**　もう一つ、国のスポーツ施策として「日本版NCAA」（National Collegiate Athletic Association：全米大学体育協会）の創設を構想しています。大学スポーツには、高校スポーツにおける高体連（全国高等学校体育連盟）といった、統括する団体がない中、各大学が一体となってスポーツの振興を図り、収益も上げていこうというものですが、これについては、どうお考えですか。

**池田**　箱根駅伝の2~3枠は、全国で勝ち上がった大学に与えてほしいと、常々思っているんです。そうすれば、みんな必死に頑張りますから、マラソン競技全体の底上げにもつながります。地域創成のパワーにもなる。そうした全大学を対象にした「日本版NCAA」であれば、いいと思います。

**二宮**　「日本版NCAA」は、アメリカの仕組みを参考にしているわけですが、そこでは、各スポーツを「ディビジョン1~3」の3つに区分に分けているんです。しかし、ディビジョン3から2、2から1に昇格することはできない。そしてディビジョン1には、力のある大学が名を連ねている。この方式を、日本がそっくり採用したらディビジョン1のほとんどは首都圏の大学になり、さらに若者の上京志向に拍車をかけかねない。

**池田**　まさに箱根駅伝や東京6大学野球の状況になってしまいますね。それでは地方にとって、何らプラスにはならない。

**二宮**　新潟は、今ではスポーツ王国とも呼ばれるようになっています。アルビレックス新潟のサポーターには高齢者の方も多いのが特徴ですが、皆さん生き生きとされていますね。

**池田**　スポーツは見る楽しみもありますし、自分で楽しむことで健康にもなれます。クオリティ・オブ・ライフ（QOL：人生の質）という点からも、スポーツは本当に大事だと思います。100歳まで生きるならば、95歳までぴんぴんで過ごすことが、とても大事です。そうしないと医療保険や介護保険はパンクしてしまいますから。当グループの新潟医療福祉大学では、今、予防医学の研究に力を入れているんです。高齢者が元気であること――これも地方創生の大きなポイントになると思っています。今後も、老若男女がいきいきと安心して暮らせる地域づくりにまい進していくつもりです。

東京・丸の内にあるNSGグループ東京事業部にて。

雇用問題を考える
雇用社会の行方と働き方の未来

金子順一 大正大学地域構想研究所 教授

*Junichi Kaneko*

1976年、一橋大学商学部卒業。労働省入省。2008年、厚生労働省労働基準局長、12年、厚生労働事務次官。13年、退官。現在、大正大学地域構想研究所教授を務める。

第25回

# 定年後の働き方・暮らし方(3)

## ～企業支援による地方移住の可能性～

**充実のセカンドライフのため、大都市圏で働くビジネスパースンが定年を機に地方に移住する。こうした人の流れを、企業と自治体の支援により促進すれば、地方活性化につながっていく。**

### 企業の支援や人事上の配慮を得て、定年前から準備を始めることが大切

長寿化が進み、定年後の時間はさらに延びることが見込まれる。長年勤務した会社を退職した後も、新たな働き方、暮らし方を実践するに十分な時間がそこにある。

「付け足し」という感覚ではなく、新たな「チャレンジ」と捉える発想が、充実のセカンドライフには欠かせない。人生１００年時代の働き方を提唱するリンダ・グラットン氏の言葉を借りれば、「変身」である。そうしたアクティブな心構えが必要だ。

高齢期を展望した新たなチャレンジとしては、「地方移住」がこれから有力な選択肢になるだろう。大都市圏の人口集中の大きな要因は、高付加価値を生み出す雇用機会が都市部に集中していることにある。しかし、大都市圏での会社勤めを終え、セカンドライフを考えるとなれば、ゆとり、健康、趣味など非経済的な価値をそれ以降の働き方、暮らし方に求めるビジネスパースンは少なくないはずだ。

地方へ人の流れをつくる「地方創生」が叫ばれる最中でもある。就農支援、住居の提供など移住の受け入れ支援は、人口減に歯止めをかけたい自治体の多くが取り組んでいる。働く場をいかに確保するかなど課題は残るものの、地方の受け入れ態勢は整いつつある。

定年後を展望し地方移住にチャレンジするなら、定年を待つ必要もない。50歳を迎えたあたりから構想し、実践に移せば第二の人生も更に充実したものになる。65歳までの雇用がある程度保障されている中で会社を辞め、起業、転職するのは確かにリスクを伴う選択である。

しかし、定年後の期間は想像以上に長いものだ。高齢期を迎え、こんなはずではなかったと後悔することもあるだろう。チャレンジ回避にもリスクがあることを忘れてはならない。

そうしたとき、企業による支援や人事上の配慮があれば心強い。そのことで〝一歩〟を踏み出せるかもしれない。

地方移住でしばしば隘路《あいろ》になるのは、仕事の機会をどう確保するかである。その点、定年前から地方へ移住し、定年ないし再雇用期間が終了するまでの間、会社との雇用関係を維持しながら「リモートワーク（オフィス以外での勤務形態）」で働くような人事上の配慮があれば、地方移住へ一歩を踏み出しやすくなる。また、移住を意識した形で、支店・支社などへの転勤、関連会社への出向なども考えられる。

その間、移住先の生活環境に慣れながら、余裕をもって就農や起業の準備ができる。また、人的ネットワークを築き、新たな就職先や活躍の場を広く探すこともできるだろう。住居を完全に移すのではなく、都市・地方の双方に住居を構える「二拠点居住」を考えてもよい。

こうした働き方の実現には、リモートワークを可能とするテレワーク環境の整備が特に重要になる。ＩＣＴ（情報通信技術）の活用がオフィスでは急速に進み、リモートワークが可能な仕事群は確実に増えている。働き方改革の一環として、リモートワークを推奨するのが、当たり前の世の中になっているのである。

起業の準備などのために特別休暇を付与するなど、勤務制度上の配慮も大事だ。起業資金の確保、

イラスト●寺田久美

仕事の発注など、勤務する企業からのさまざまな支援方策が考えられよう。また、受け入れ自治体と企業の間で、移住支援ための連携した取り組みがあれば、なおさら心強いはずだ。

## 大正大学地域構想研究所が取り組む研究事業「プロジェクトつなぐ」とは

　定年退職者への支援は現在でも、多くの企業が取り組んでいる。再就職のあっせん、退職後の生活に関する情報提供などである。しかし、地方移住の支援となると、実施する企業は極めて少ないだろう。それだけに、「企業支援による地方移住の促進」というテーマは、構想の域を出ない段階にある。社会実装に向けては、社員、企業双方のニーズ把握、支援内容の精査、企業と自治体との連携のあり方など、詰めなければならない課題も多い。

　とりわけ企業サイドにあっては、人事管理に深くかかわる課題だけに慎重な対応が必要になる。まして人手不足の折、定年後引き続き働いてほしいと考える企業も少なくない。また、ホワイトカラーの中高年齢層が相対的に厚く、人員構成に課題を抱える企業では、移住支援が人員整理と捉えられる可能性がある。それは、企業にとって本意ではないだろう。円滑な実施には労使による協議が欠かせない事柄なのである。

　大正大学地域構想研究所では、企業と地方自治体の連携協働を進めるため、新たな研究事業「プロジェクトつなぐ」に着手した。

　これは、東京など大都市圏に本社を構える企業や研究所と連携協定を結ぶ基礎自治体(60自治体)の参加を得て、企業と自治体の協働事業の可能性を探ることを目的としたプロジェクトである。

　具体的には、新規ビジネス創出、CSR（企業の社会的責任）活動、ダイバーシティ経営（＊1）など、企業サイドのニーズと地域資源のビジネスへの活用、地域の課題解決、人の流れを呼び込むことなど地方サイドのニーズを組み合わせ、新たな事業を開発する取り組みである。企業、地方双方にとって〝Win-Win〟の関係を築くことが重要なのは、言うまでもない。

　このプロジェクトの一環として、「企業支援による地方移住の促進」をテーマに取り上げている。高齢期を展望した移住だけでなく、例えば子育て、健康、趣味などワークライフバランスの観点から移住を希望するケースも含め、調査研究を進めていく考えである。

　関心を持つ企業、地方自治体の更なる参加をお願いしながら、取り組みの輪を広げていきたい。

＊1：ダイバーシティ経営…多様な価値観を有する社員が協働することで、イノベーションの創造や新たな価値の創出につながるとする経営思想のこと。多様な生活ニーズを持つ社員に活躍を求めるため、ワークライフバランスが重視される。

第3回
暮らすように町に泊まる

普通に暮らす町京都、でもそこには深い歴史が息づいている

# 観光客の少ない京都を気楽に楽しむ

森まゆみ 作家

京都は応仁の乱以降、焼けたことがないという。建て直す代わりに、修復して時が建築にも積っている。町角に普通にある古い家、明治維新に至るさまざまなできごと、緑濃き疎水べり、自然と文化と歴史が渾然と混じり合っている町を今日も散歩する。

撮影●森まゆみ

京都大学の時計台前の植え込みになんと孔雀がいました。

今、私が一年で一番よく泊まるのは京都だ。と言っても左京区北白川限定。3年前に大病をして、その予後の気功や整体に行っていることもある。だけどだんだん友達も増えて、ひと月に1度、京都に逃げ出すのが快くなってきた。せわしない〈東京病〉からの逃避である。

京都に初めて行ったのは小学校6年生。1964年（昭和39）の東京オリンピックを機に、東海道新幹線が大阪まで通った。550㎞を3時間で走る夢の超特急だった。

1966年、父はこの新幹線に乗って家族に京都見物をさせてやろうと思ったらしい。京都の古い旅館に1泊して、1日目はタクシーで京都のお寺を10くらいも回った。清水寺、二条城、銀閣寺、金閣寺、西芳寺、竜安寺、大徳寺など一応、眼底に残ってはいるが、何しろめまぐるしい。お昼は湯葉料理をタクシーの運転手さんのお勧めでいただいた。旅館の八畳の部屋がやけに大きく「これは京間と言って、東京とは畳の大きさが違う」と聞かされたことが妙に心に残っている。翌日は奈良に行って、東大寺、興福寺など主要な見所を回った。

こんな駆け足は嫌だなあ。高校の時は東山ユースホステルに泊まり、自分でゆっくり古都を回った。新幹線にはお金がなくて乗れないので、夜行の座席で疲れ切って朝、京都駅に着き、鳥辺野《とりべの》を息を吐きながら上がって清水寺にたどり着いた。詩仙堂や南禅寺、大原三千院、化野《あだしの》の念仏寺なども印象深い。日本の古典を読んでいた頃、『方丈記』の「ゆく河の流れは絶えずして」「淀みに浮かぶうたかたは」、『徒然草』の「化野の露、鳥辺野の煙」という無常の意識が高校生の私の死生観を形作っていた。

まだ市電の走っている頃だった。お正月にユースホステルでは白味噌仕立ての雑煮が出た。それから長いこと、町家が消え、どんどんビルになる京都には興味をなくし、仕事で行ってもすぐに帰ってくるだけになっていた。

## 京大近くでご飯を済ませれば学生値段。でも親切な店主はたくさんいる。

今、京都に行く。駅からは17番の市バスに乗るか、地下鉄で今出川まで行って203番のバスに乗る。夜遅く着くと、京都大学農学部で降り、無添加の吉田ラーメンで一番あっさりしたラーメンをすする。「京大生には体にいいものを食べてもらいたい」と店主は言う。その並びにはこれもベジタリアンの「トスカ」、おばんざいの「サコブーン」など健康によいお店が多い。近くの知り合いの家に泊めてもらう。この家は戦前に建った建物だという。もう名所旧跡やお寺に拝観料を払っていくことはまずない。

毎朝6時の気功はまだ市バスも通っていない時間。もちろん歩いていく。近くに泊まれることはありがたい。

朝、冬だと真っ暗でとても寒い。京都の冬はこんなに寒いのか。京都は巨大な地下水の上に都市が乗っかっているそうだ。地下水を汲み上げて作った豆腐や湯葉やお麩はおいしい。それだけに町は湿気て寒い。飲み屋で隣り合わせた京大の研究者に「ど

1 疏水べりの散歩道。2 岡崎神社には、狛犬ではなくウサギがいます。3 法然院の茅葺の門とその前にある白い盛り砂。水を表す白砂壇の間を通り心身を清めるという。京都の宿舎から歩いていける。4 永観堂の紅葉はさすがに見ごたえがある。5 さすがに老舗の一保堂の店員の応対がすばらしい。

うしよう?」と聞くと、「畳の上に段ボールを敷いて寝ろ」という。そうしてみた。

気功が終わると宿に帰り爆睡。8時になると、近くのパン屋 tatsuhito satoiで焼きたてのパンを買って、イートインでコーヒーを飲む。京都でうれしいのはパン屋さんが多いことだ。気功の帰り道だけでもおいしいパン屋が数件ある。8時半なら京都大学の学生食堂も開く。ただ、モーニングを朝早くからやっている喫茶店はこの辺りには多くない。時々は豆腐屋さんで分けてもらった豆乳を飲むだけ。

その後は四畳半の掘りごたつで仕事。

天気が良く気持ちのいい日には家主の自

上京区上七軒の花街。西陣が近く栄えたが、観光客で祇園ほど混んではいない。

早朝の気功の練習の帰りに立ち寄る豆腐屋さん。油揚げのいい匂いが立ち上がっている。

転車を借りて、鴨川沿いを走ったり、一乗寺や詩仙堂まで足を延ばす。詩仙堂はとても親切。9時に行くと「あらあ、もう来られたんですか？　今なら独り占めですよ」とお寺の方もニコニコしている。

もう一つ気に入りのコースは琵琶湖の疎水から法然院、霊鑑寺、永観堂への道だ。法然院は自由に境内に入れる稀有なお寺だ。しかしこの道は桜と紅葉の季節は避けたほうがいい。特に永観堂は拝観料千円、押すな押すなで、ガードマンがたくさんいる。なんとも無風流。

ふた秋は塀越しに覗くだけだったが、3年目にようやく中に入ってみた。紅葉はさすがに見応えがあったし、アルバイトの少女を「寒くはないか？」と若いお坊さんが気遣い、ひざ掛けや電熱器を運んでいる風景を見ると、なかなかいい。黒谷の真如堂や光明寺もやや観光コースから外れているので、静かで好きだ。

## 京都の町の歴史を語る古建築を見て歩く楽しみ

朝の仕事ははかどる。メールもこないし、宅急便もこない。炊事や洗濯も掃除もしない。混まない時間を見計らってお昼ご飯。周りには学生相手の定食屋がいくつもあり、7〜800円で充実ご飯が食べられる。「松之助食堂」でハンバーグでも、「ケンケン」で銀ダラの西京漬でも、「吉田チキン」で鳥の炙り焼きでも、「松尾」で皿うどんも

1 京都大学人文科学研究所。北白川のシンボル的な建物で、武田五一の設計。義和団事件の清国の賠償金で建てられた。2 京都大学農学部構内にある、大倉三郎設計の農学部演習林事務室。3 森田慶一設計の京都大学農学部正門。ともに国の登録有形文化財。

いい。タイ料理もインド料理もベトナム料理も韓国料理もある。

　午後、大抵は散歩に行く。吉田山を登って、頂上の「茂庵」で京都の街を眺めながらコーヒー。東山沿いには古い昔の住宅も残っているし、どうどうと水の流れる疎水もある。観光客のいるのは銀閣寺周辺だけで、他はいたって静か。京大農学部の植物園も、蚊が多いけど、静かで、町中にこんな自然がよく残ったと思う。

　そもそも滋賀越えの道という古い街道があって、車の通りが多い。それを塞ぐように京都大学ができてしまったのは残念なことだ。

　京大構内には、武田五一設計の時計台はじめ、いろんな歴史的建造物があり、樹木も多い。学生たちの多くは大学の近くに下宿している。一度、6畳で1万円の下宿を見つけて聞いてみたら「男子学生に限る」といわれがっかり。うちに近い東大のある本郷なら10万くらいしそうな物件が、3〜4万で出ているのが羨ましい。

4 御所近く、上京区一条通の虎屋黒川も好き。内藤廣設計のお店はいつも涼やか。5 吉田山山頂にあるカフェ茂庵のランチ。6 哲学の道にある喫茶店。7 京都大学そばの喫茶進々堂。内部撮影禁止。黒田辰秋の無垢の木のテーブルが素晴らしい。

　学生たちはたいていデイパックの中に教科書やパソコンを入れ、自転車に乗っている。朝早くから夜遅くまで研究室で実験という学生も多そうだ。京都は地下鉄が南北線と東西線と2本。あとはバスしかない。このバスが観光客が多いため、積み残しが出たり、四条あたりはいつも渋滞だ。だから自転車が便利、数は東京よりずっと多い。自転車屋さんも多いし、自由に空気も入れることができる。東京では自転車屋を見つけるのが大変だ。

　聞いた話では、昔、1898年（明治30）に京都に日本で2つ目の帝国大学ができた頃、最初の教授たちは相国寺の界隈に家を建てたそうだ。その頃の京大教授は今の貨幣価値でいうと3000万くらいの給料をもらっていたようで、当時、地価も安く、200〜300坪くらいの邸宅を建て、女中さんも置いていた。それから昭和初年になると農村だった北白川あたりが開発され、今も北白川には京大教授のお屋敷だったという建物がある。その一つが疎水べりのヴォーリズの設計した駒井邸で、日本ナショナルトラストの管理物件になって公開されている。

　その並びにも藤井厚二設計の元京大教授のお邸がある。藤井は40代で亡くなったけれど、住宅建築の名匠で、もともと裕福な家の出だったらしく、大山崎にもいくつか自邸を建てては人に譲った。最後の自邸聴竹居《ちょうちくきょ》はすばらしいもので、国の重要文化財になっている。2度ほど観に行った。そうしたらなんと私の借りている家と道を挟んで反対側にも藤井設計の住宅があるという。このまま使ってくれる家主を探すと

8 出町柳商店街にある、うどんと鯖寿司のおいしい満寿形屋。これで1200円。9 三条京阪近くの「伏見」、市の再開発で姿を消したが、多鶴さんはカッコいいおかみさんだった。10 京都大学の学生に人気のある「ケンケン」のトンカツ定食は、850円だがこんなに厚い。11 泊まったところに近い、ベトナム料理の店「スアン」。

いう心ある不動産屋さんのおかげで、何カ月かの後、買い手が決まった。その値段は東京本郷あたりの同じ広さの屋敷のぴったり3分の1であった。もちろん私には手が出ないけれど。

吉田山の麓の、素敵なスパニッシュの邸宅が壊されていると聞き、駆けつけると若い人たちが、美しい内装やタイルをそっとはがしていた。これは有名な熊倉工務店の仕事で、昭和初期に高レベルの邸宅をたくさん造っている。建てた人は息子4人を京大に通わせたくて建てたらしい。その後、医師が買って開業し、この方は岡田虎次郎の静坐会のまとめ役でもあったようで、こういう近代史のつながりに私は興奮してしまう。

楽しみは京大の中の貼り紙で、公開講座などを見つけると、夜参加できる。その他、京都工芸繊維大学、龍谷大学、同志社大学などに友人がいて、その授業を聞かせてもらうこともある。大学ではシンポジウムなどのイベントも多い。

## バスに乗り、銭湯に浸かって、常連や旅行客と触れ合う

夕方には銭湯に行く。私の借りているうちは風呂がない。最近バタバタと銭湯が廃業し困ってしまう。銀閣寺湯もなくなった。それで百万遍の東山湯とか東大路を上がった東雲湯《しののめゆ》に行く。やっと番台のおかみさんに「あらいらっしゃい。いつきたの」と聞いてもらえるまでになった。銭湯は近くのおばあさんたちの社交の場であり、カランも何時頃は誰のものと決まっているようなのである。見知らぬ女が入っていくとぎろりと睨まれるという経験を何度かした。

それで、夜の6時すぎに行くことにした。一人暮らしのおばあさんたちは今頃、家でテレビでも見ながら夕食をとっているだろう。この時間は会社帰りのOLさんたちの時間で、付き合いがあっさりしている。体を拭きながら、家にはないテレビのニュースを見たりする。東山湯はタオルもタダで貸してくれるし、雨が降れば傘も貸してくれた。

遠出しようと思ったら錦小路に近い錦湯。ここの古めかしさはすばらしい。でも錦小路は、大変な観光化で、すべてのものが2倍する感じ。ここで買い物をしようという気は起こらない。気に入っているのは上京区の船岡山温泉。ここも歴史的建造物で、鴨居の木彫も素晴らしい。

外国人も多く入りに来て、眩しく白いメリハリボディを拝むこともできる。温泉なら、銀閣寺道から滋賀越え方面で北白川ラジウム温泉がある。日帰りでも1500円くらいかかるが、文庫本を持って行き、お湯に浸かっては座布団を枕に昼寝か読書。お腹が空いたらうどんか親子丼でも取れば半日は遊べる。息子が来たりすると、車で鞍馬温泉へ。ここも山が見え、鳥が鳴きの別世界。湯船で一緒になった香港からの二人連れに聞いたら、ネットで調べてきたという。ドイツ人親子は「京都の街中は混んでいて好きじゃない」と言ってひとしきり、日本の森の植生について、語っていた。

1 京都の街には年代ものの看板建築が残っている。2 光華会館。宿の近くにある、昔の清国留学生宿舎で、廃墟と化していますが、壊されません。3 北白川疎水べりにある、ヴォーリズの設計した駒井邸。日本ナショナルトラストによって管理されている。4 宿のすぐ近くの売りに出たお家を見に行ったらなんと藤井厚二の設計だった。

## 夜は友達と居酒屋へ。「おおきに」の声に送られる

さて、楽しみの夜ごはん。と言っても何万もする名料亭に入ったことはない。近くの居酒屋か定食屋で済ますことが多い。でも最近、私が定期的に京都に来ることを知って、いろんな方が誘ってくださる。知り合った新聞記者や編集者たちと伝説の「神馬」、近藤正臣さんのお身内がやっている三条の「めなみ」もいい。この前はたまたまいらした居酒屋評論家のOさんに先斗《ぽんと》町《ちょう》の「ますだ」に連れて行っていただいた。司馬遼太郎さんの愛されたお店で、改装したとはいえ、とても落ち着くし、くつろげるお店である。Oさんの口癖は悪いことがあると「オイタワシヤ」。いいことがあると「イイハナシダナア」。それをリズム

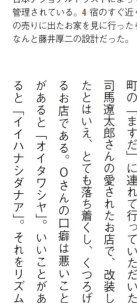

にお酒が進む。

そんな風に京都で遊んでいる。他にも若い友人の子どもたちと遊んだり、時には大津にドライブしたり、奈良や大阪までコンサートに行ったり。

## 毎回、新しい遊び方を発見、映画を観たり、健康相談をしたり。

今年の桜の時期は雨が続いた。雨の日に家にこもっているのもやや気が暗くなる。そうだ、映画でも観てこよう。早速15分に1本くる17番線のバスに乗って20分、四条河原町からまた10分歩いて四条烏丸にCOCONというビルがあり、その3階に「京都シネマ」がある。東京では一番よく行くのは神保町の岩波ホールなのだけど、同じ映画を1日何度も上映だ。しかし京都シネマは小さなホールが3つあり、朝からそれぞれ何種類もの映画をかけている。これで1日3作品ぐらい観れば当分満足。上映時間に隙間があると地下の「天天有」でラーメンを食べたりする。

錦小路そばの銭湯、錦湯。

京都は高度成長の時に町家を壊し、ビルやマンションが林立した。京都ホテルの建て替えや京都駅の高層化にも反対運動が起きた。その反省から、京都市役所も景観行政を強め、民間でも京町家研究会はじめ、たくさんの地域の文化資源を守る団体ができた。メンバーには都市計画家、建築家、歴史家、大工、左官などの職人さんも多く参加して、実行力ある部隊となっている。それでも梨木神社や下賀茂神社の境内に低層とはいえマンションが建ってしまった。

一方、経済成長を果たした中国や韓国からの客もどんどん増え、ホテルが払底して宿泊代がつり上がっている。その中で、安く泊まれるドミトリー方式のゲストハウスも雨後の筍のように出現。その中には安くて親切でアットホームで、友達もできる良い宿もあるが、路地奥の古家を簡単に改装し、鍵一つでたくさんの人が出入りして、夜遅くまで騒ぎ、ゴミの出し方もひどく、近隣の環境を壊しているものもある。京都在住の友人がいくら警察に言っても、「民泊は国家の意向ですから」と取り締まらないのだという。

5 四条河原町にある喫茶店フランソワ。戦前の反ファシズム運動の拠点となった場所で、今でも健在です。6 京都シネマで映画を見るときは合間に地下の天天有で鳥ラーメン。

一方で古都で英語の教師やヨガの先生を勤め暮らしを楽しんでいる外国人も多く、また狭くてネットワークがつくりやすい京都を原発避難先に選んだ家族も多い。彼らは無添加や無農薬やベジタリアンの店を開拓し、仲間をつくって鴨川でピクニックを楽しんだりもしている。すでに昔聞いた「ぶぶ漬け神話」的な世界はなくなりつつあるようだが、こうした新しい居住者を受け入れながら、山に囲まれた狭い京都の良さをどうしたら引き出せるのか。

1回ごとに発見がある。持ってきた本を読み切ったので、大垣書店やジュンク堂をめぐり、自分の本を見付けてうれしくなった。くまざさ茶を探しに漢方薬局を渡り歩き、親切で詳しい若い薬剤師さんと仲良くなったり。鴨川沿いの豪邸で家庭菜園を持ち、ウサギを飼っている外国人実業家の家を見学させてもらったり。

この9月にはうまれて初めて「五山の送り火」を吉田山中腹の古民家から眺めたり。木々越しに山にポツポツと火が灯り、その勢いが激しくなり、やがて収まって消えるまで、私はなんとも言いようのない感動に胸をひたされた。

当分、京都に通ってみようと思う。

四条河原町界隈には「フランソワ」「築地」「ソワレ」などがあって、古きよき時代にタイムスリップ。

*Mayumi Mori*

作家。1954年、東京生まれ。
早稲田大学政経学部卒。84年に友人らと
地域雑誌『谷中・根津・千駄木』を創刊。
著書に『千駄木の漱石』、
『「青鞜」の冒険』、『暗い時代の人々』、
『子規の音』など。

人口減少下の地域を考える……第28回

# 幸福度の考え方（下）

## ―地域における幸福度の活用―

**小峰隆夫** 大正大学地域創生学部 教授

前回、幸福度を地域別にランキングするような試みには反対であることを述べた。しかし、地域において幸福度の考え方を有意義に利用することは可能である。すでに、幸福度を行政に生かそうとしている自治体は多い。

例えば、京都府では「明日の京都」という長期ビジョンを2011年（平成23）からスタートさせているが、このビジョンの方向性の確認や、実施計画である中期計画の進捗をチェックするため、統計データと府民意識調査を組み合わせた「京都指標」を作成している。

また福岡県では、2011年度から知事主導のもと、「県民幸福度日本一」を目指すこととし、幸福実感等を調べる県民意識調査を続けている。そのほか、三重県でも知事の主導で「平成23年度県政運営の考え方」において、「日本一、幸福が実感できる三重を目指す」ことが明記され、継続的に県民意識調査が行われている。

### 区政の中心に位置づけ 積極的な取り組みを行う荒川区

幸福度を重視していこうという点で、先鞭をつけたのはおそらく東京都荒川区であろう。荒川区では、現区長の西川太一郎氏が幸福度（荒川区民総幸福度：GAH＝Gross Arakawa Happiness）を区政の中心に位置づけ、積極的な取り組みを行っている。

2017年3月に策定された「荒川区基本計画」も、「幸福実現都市あらかわ」の実現に向けた歩みを着実に進めるための計画として位置づけられている。

荒川区が実施している幸福度調査は、①健康・福祉②子育て・教育③産業④環境⑤文化⑥安全・安心—の6分野についての意識を調査している。

一方、荒川区基本計画は分野別の政策が目指す方向として、①生涯健康都市②子育て教育都市③産業革新都市④環境先進都市⑤文化創造都市⑥安全安心都市—という6つの都市像を掲げている。幸福度の指標と、行政の政策体系が一致していることがわかる。

左ページの表は、荒川区の幸福度調査の一部を示した。図1は前述の6分野について、回答者が幸せにとって重要だと思う順番を聞いた結果である。第1位に挙げられた分野で最も割合が高かったのは「健康・福祉」、続いて「安全・安心」「産業」という順番になっている。健康で安全な暮らしを安定的な経済的基盤のもとに営めることが、典型的な幸福像だということがわかる。

図2はそのものずばり、「あなたは幸せだと感じていますか」ということを5段階で尋ねた結果である。幸せと感じている割合（「5」と「4」の合計）は49・1%であり、感じていない割合（「1」と「2」の合計）の9・8%を大きく上回っている。

## 幸福度をモニターしながら改善策を講じることが必要

　他の同じような調査と比較してみよう。一般には5段階ではなく10段階で評価を尋ねているので、荒川区の回答を10段階に換算して平均値を求めると7・1となる。これに対して、国の調査(2014年)は6・38、山形県(2015年)6・48、愛知県(2015年)6・30、福岡県(2016年)6・46となっている。

　これらをどう評価するかは難しいところだが、「多くの人々は、そこそこに幸せだと感じている」と言えるのではないだろうか。

　筆者は、国が幸福度を政策の重要指標とすることにはあまり賛成できないのだが、地域が独自の考えに基づいて住民の幸福度を高めようとするのは、むしろ自然なことだと思う。

　もともと自治体の基本的な役割は、きめ細かい住民福祉の向上策を講じていくことである。その意味で、住民の幸福度を継続的にモニターしながら、その改善策を講じていくことは必要なことであろう。

　また、国が行うよりはずっと問題が少ないとも言える。例えば、国が幸福を定義することは、国民に価値観を押し付けることになるので問題があるが、地域については、むしろ「この地域は豊かな自然に囲まれて、ゆったり暮らすという幸福の形態を目指している」という具合に、幸福度を通じて地域の個性を発揮していくことができるかもしれない。地域における幸福度活用の動きに、これからも注目していきたい。

**図1 健康・福祉、安心・安全が上位を占める**
～荒川区民総幸福度調査「総合」～

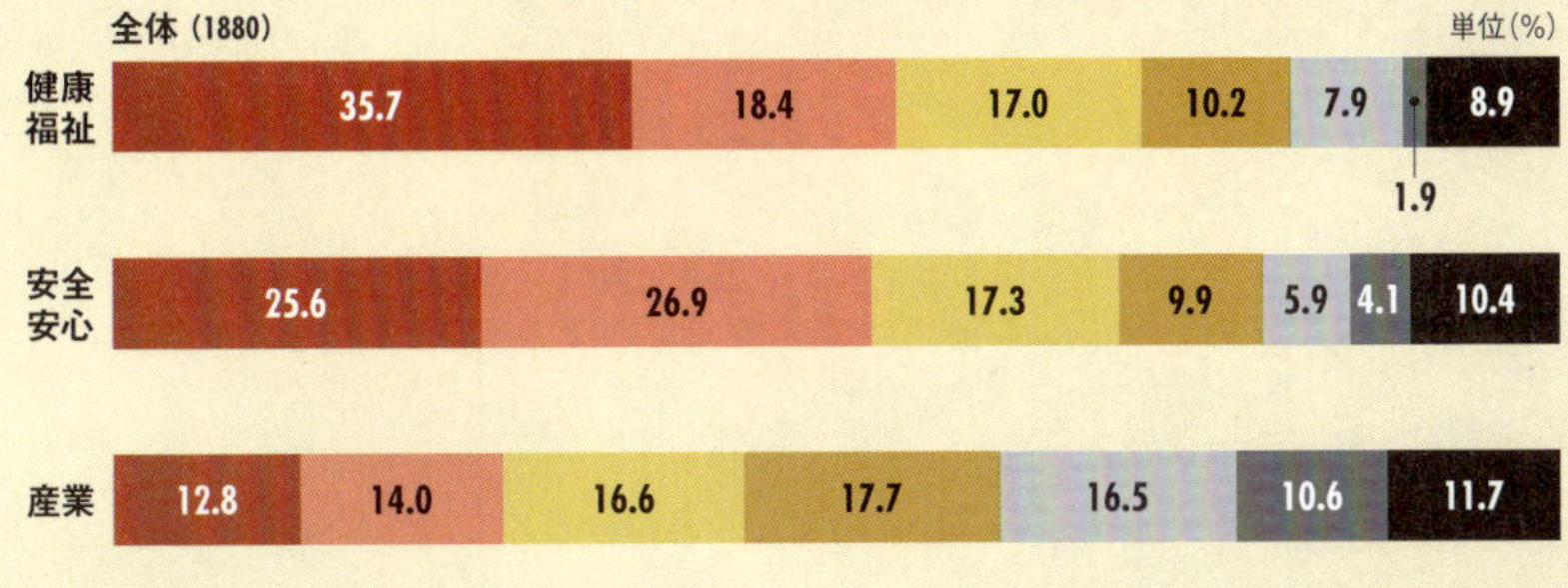


「6つの分野(健康・福祉、子育て・教育、産業、環境、文化、安全・安心)について幸せにとって重要だと思う」という質問への答えとして、「健康・福祉」「安全・安心」「産業」「子育て・教育」「環境」「文化」の順となった。※ここでは上位3つのみ記載。

**図2 約5割を占めた幸福実感度**
～荒川区民総幸福度調査「幸福実感」～

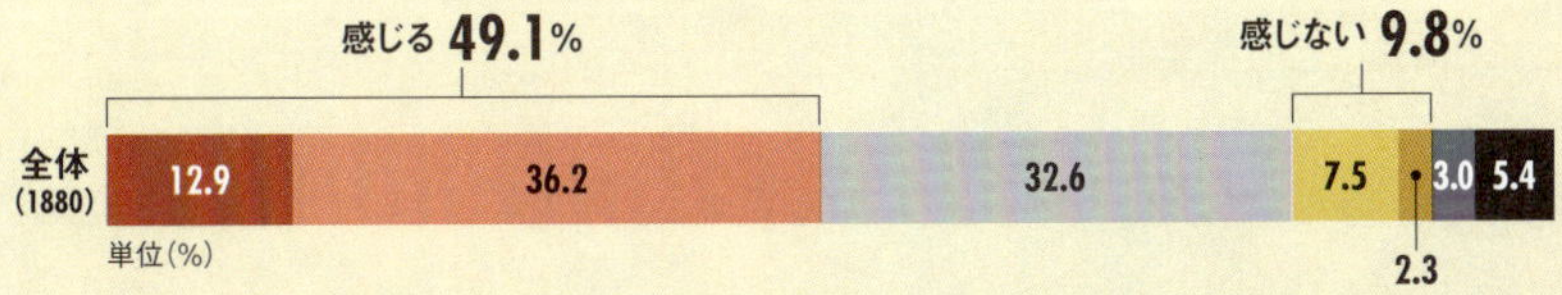


幸せだと感じるか尋ねたところ、「5」と「4」を合わせた"感じる"は49.1%と約5割を占め、「1」と「2」を合わせた"感じない"の9.8%を上回る。

出所:荒川区「平成28年度荒川区民総幸福度(GAH)に関するアンケート調査」(2017年3月)より。
※回答数は1880。

*Takao Komine*

1969年東京大学経済学部を卒業後、経済企画庁に入省。
経済企画庁経済研究所長、調査局長、国土交通省国土計画局長などを歴任し、
2002年に退官。03年より法政大学教授、17年より大正大学教授を務める。
主な著書に『日本経済論講義』(日経BP社)など。

※本稿の執筆に当たっては、石田絢子、市川恭子「社会指標に関する自治体の取組」(内閣府経済社会総合研究所、ESRI Research Paper No.30、2017年3月)を参考とした。

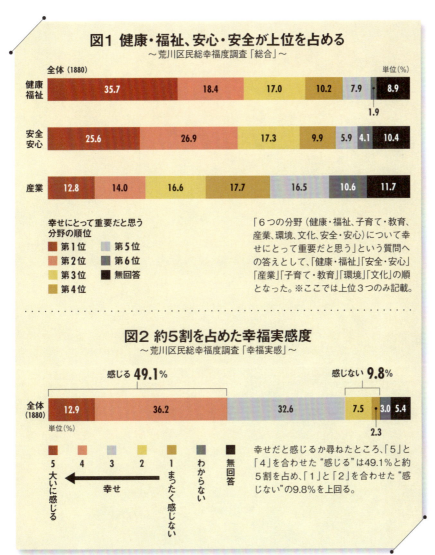

人間と自然資源 第28回

# 雨水がつなぐ天空の農園と都市の運河

## 「クイーンズ／ブルックリン」

グリーンインフラで進化を続けるニューヨーク

**古田尚也** ーIUCN日本リエゾンオフィスコーディネーターー

ビル屋上に出現した巨大農場では有機栽培の野菜が繁茂し、ミツバチが飛び交い、汚染された運河では浄化と再生が始まった。ニューヨークの最新の取り組みを紹介する。

撮影●古田尚也

*Naoya Furuta*

大正大学地域構想研究所教授。
東京大学大学院農学生命科学研究科
博士課程単位取得退学。三菱総合研究所を経て、
2009年よりIUCN（国際自然保護連合）の
日本オフィスにおいて生物多様性に関する
国内外の政策展開に従事する。

ニューヨーク、クイーンズ地区の築90年のビルに設けられた屋上農園。

## 巨大屋上農園がニューヨークに

ニューヨーク市で最大の面積を持つクイーンズ地区。約230万人を数える居住者の約半分は移民と、アメリカでも最も多様な人が住む地域となっている。

そのクイーンズ地区に立つ9階建てのビルの屋上では、約4000㎡の農地に有機農法でニンジン、トマト、ピーマンや唐辛子などさまざまな野菜が育てられている。さらにケージの中ではニワトリが卵を産み、そしてミツバチが新鮮な花の蜜を集めている。顔を上げると、摩天楼のオフィスビル群が遠くに見える。

ここは、世界初の本格的な屋上商業農園の経営に取り組む「ブルックリン・グランジ」が2010年に最初に立ち上げた屋上農園だ。ブルックリン・グランジは、2009年にブルックリン地区で600㎡の小規模な屋上農園を試験的に始めていたベン・フラナーとブルックリンでアーバンガーデンプロジェクトに関わっていたアナスタシア・コール・プラキアスとグウェン・シャンツの3人が出会ったことから始まった。

都市農業の大切さを実感していた3人は、それを証明するため都市の中で趣味ではなくビジネスとして成り立つ農業を始めることを決断する。彼らは、他の企業のスタートアップと同様に資金集めをしながら、農園を造ることができるビルを探し、クイーンズ地区のこのビルの屋上に2010年に農園を整備した。

## 持続可能な都市農業のビジネスモデルを目指して

2012年には、ブルックリン地区に約6500㎡の広さを持つ2番目の屋上農園を開園し、現在1万4000㎡の広さを持つ3番目の屋上農園を整備しているところだという。そして、スタートアップから7年で、フルタイムのスタッフ15人を雇用し、年間売り上げ約2・2億円の規模のビジネスにまで育てることに成功した。

ブルックリン・グランジが屋上で育てた有機野菜は、地域支援農業（CSA：Community Supported Agriculture）と呼ばれる仕組みで約6万円の年会費を支払ってくれている契約会員に毎週届けられるほか、5月～10月の毎土曜日に屋上農園で開催されるマーケットで販売されている。そのほか、マンハッタンやブルックリン地区のレストランや食料品店にも販売を行っている。また、ニューヨークの市内各所で約30箱の養蜂も行って

1 土の深さは約50cm。小石とコンポストを混合した土を使用している。2 シシトウガラシなど、日本の野菜も栽培されている。3 毎週土曜日には、屋上農園でマーケットが開催される。

ここではすべての作物を有機農法で育てていると説明するグウェン・シャンツさん。

いるのだという。

「高品質の有機農産物を作って販売することはもちろん重要なのですが、それに加えて、各種のイベントや、ほかの農園に対するコンサルティングや設計などのサービスを行うことも重要な収入源になっています」と、ファウンディング・パートナーの一人であり、チーフ・オペレーティング・オフィサーのグウェン・シャンツさんは言う。

　実際、ブルックリン・グランジの屋上農園では、ウェディング・パーティーやヨガ教室、ディナーパーティーなど多様なイベントが企画・運営されている。このため、農産物販売の売り上げが占める割合は、全体の3分の1にも満たないのだという。

　また、ブルックリン・グランジは農業を通じた子どもたちの環境教育にも熱心に取り組んでいる。このため、環境教育に取り組むNPOシティ・グロウワーズと連携し、毎年5000人の子どもたちを屋上農園に受け入れている。

## 屋上農園は雨水管理にも貢献

　ブルックリン・グランジが経営

4 ブルックリン・グランジでは養蜂事業も行っており、ニューヨーク市内各所で約30箱の蜂を飼育している。5 コーヒーショップなど、ビルのテナントが生ごみを運び込んできてそれをコンポスト化している。6 ニワトリも飼育しているが、これはビジネスではなく環境教育のため。

する屋上農園は、実はもう一つの大きな役目を果たしている。それは、雨水がすぐに下水に流れこまないように、雨水を滞留させるという機能だ。

ニューヨークのような古くから栄えた都市では、雨水と汚水が同じ下水道管を流れる「合流式下水道」という方式で下水が整備されていることが多い。合流式下水道では、少しまとまった雨が降ると、下水処理場に大量の水が一気に押し寄せるのを防ぐため、河川や海に雨水と未処理のトイレの汚水などを含む越流水が放流される仕組みとなっている。

このため、合流式下水道方式の都市では川や海の水質汚染がしばしば大きな問題となる。ニューヨークでも、月に数回は越流水の放出が起こるために、河川や湾の水質汚染がなかなか改善されないという問題を抱えていた。

実は、東京も合流式下水道方式が採用されているため、雨が降るたびに河川や東京湾に未処理の下水が流れ込んでいる。最近も、2020年の東京オリンピックでトライアスロンの会場となることが予定されているお台場の水質検査で、大腸菌などが基準値を大幅に上回ったことがニュースで報道されたことを記憶している読者もいるだろう。

1 グワナス運河集水域の学校校庭に設けられた雨庭。2,3 グワナス運河周辺では、水質や環境改善によって、徐々に街の雰囲気も改善してきている。

こうした下水道の越流問題に対してニューヨーク市がとった対策は、街中に雨庭《あめにわ》（レインガーデン）やスポンジ・ガーデンとよばれる雨水の貯留・浸透施設を多数設置することで、雨水が急激に下水道に流れ込むことを抑制するという戦略だった。もちろん分流式下水道を整備したり、大型の地下貯水槽の整備によっても技術的には対策が可能だが、莫大なコストが掛かってしまう。

2010年から始まった「ニューヨーク市グリーン・インフラ計画」と名づけられたこの計画では、公共空間である歩道への多数の雨庭の設置とともに、民有地においても補助金によって屋上緑化や地下浸透施設の整備を進めてきた。これによって、河川や海の水質汚染対策と同時に街の緑も増えるという相乗効果が期待されている。

実はブルックリン・グランジの屋上農園のうち2つは、このグリーンインフラ計画に基づいてニューヨーク市から合計約2億円の補助を受けて整備されている。

## グリーンインフラで運河の水質改善

このような、グリーンインフラ整備で運河の水質と環境の改善に取り組んでいる事例の一つに、ブルックリン地区のグワナス運河が挙げられる。ブルックリンは、クイーンズとマンハッタンに接したニューヨーク市の行政区の一つで、17世紀から開拓がはじまったアメリカで最も歴史ある地区である。

グワナス運河沿いの歩道に設けられた雨庭。

特に、グワナス運河周辺には古くから工場が集積し、その排水による運河の汚染は著しく、2014年にイーストリバーから水が運河に導入されるようになる以前は、耐え切れないほどの悪臭が周囲に漂っていたという。

こうした中、グワナス運河は2010年に環境保護庁によるスーパーファンド法の対象に指定され、周辺の工場に運河の浄化命令が下された。これによって、現在、運河の底に長年堆積してきた汚染物質の除去作業が進められている。

同時に、グワナス運河に流れ込む合流式下水道からの越流水による汚染を防ぐために、ニューヨーク市のグリーンインフラ計画に基づき、運河の集水域に数多くの雨庭やスポンジパーク、透水性舗装などの整備が現在進められている。

グワナス運河の環境改善に取り組むNPOグワナス・キャナル・コンサーバンシーでは、このスーパーファンド法による浄化事業、ニューヨーク市のグリーンインフラ計画、そしてその他運河周辺で進む開発プロジェクトなどを総合化した運河の将来ビジョンをまとめて、さまざまなステークホルダー間の調整を図っている。

「関係するいくつもの主体と協力し、2年間掛けてこのビジョンをつくりました。今後はこのビジョンを基にして、運河の環境再生に関するマスタープランの作成を考えています」と、グワナス・キャナル・コンサーバンシーの代表を務めるアンドレア・パーカーさん。

いくつもの主体と協力し、2年間掛けてこのビジョンをつくったと語るアンドレア・パーカーさん。

## 自然の力を生かした魅力的な都市づくり

ニューヨークでは、これらの例に見られるような自然の力を生かす取り組みが進んでいる。特に、そこではベンチャー企業やNPOといった民間の力が大きな役割を果たしていることが印象的だ。こうした主体が、クリエイティビティーや関係諸機関や人々をつなげる力を発揮しつつ、自然の持つ多岐にわたる機能が都市の中で融合することで、ニューヨークはより一層魅力的な街に、今もなお進化を続けている。

謝辞●本稿は、経団連自然保護基金の支援を受けています。

ニューヨーク市が、市内の歩道に整備を進めている一番標準的なタイプの雨庭。

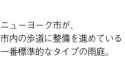

随想

人類第三の革命と永続的な命のつながりに想いを馳せる

第28回

# 地方に息づく祭りと祀り 自然共生の思想

涌井雅之
造園家・ランドスケープアーキテクト

**晩秋の**時期、国指定の重要無形文化財であり、また有形文化財の指定も受けている、岐阜県高山市の高山祭関係者からの誘いで出向いてきた。高山祭は春と秋の年2回の開催であるが、春は山王祭、秋は八幡祭と言われている。山王祭は高山市街地の南部に位置する山王日枝神社のお祭りであり、八幡祭は、それとは逆の方位、南部に位置する桜山八幡宮の例祭である。共に飛騨の匠の手によるからくり屋台が、それぞれ12台、11台備えられ、祭り以外の時期には白く背の高い屋台蔵に、各々の氏子・町衆の手により大切に保管されている。それ故に日本三大曳山祭と称され、全国有数の山・鉾・屋台行事をしてユネスコの世界無形文化遺産に指定されるうえで重要な役割を占めたのである。高山祭は、春・秋共に例祭の日が決まっている。よって祭りが終われば翌年の祭りの準備が始まる。ちなみに八幡祭では8月に祭事始祭の神事が挙行され、公式に全ての行事が開始される。

それにしても、飛騨の匠とはよく言ったもので、奈良時代から朝廷に奉仕するために百人規模の工人たちが都に上っていたと伝えられているほどの腕前が達者なものたちがこの地に多かったようである。そうした伝統と厳しい風土に鍛えられた技が今に至るまで伝承されている。それは何も大工ばかりではなく、ありとあらゆる職種に伝えられ、最近では筆者の友人の一人、左官の挟土秀平氏などがあげられよう。

そもそもこうした祭り行事や神事に筆者は大いに関心がある。それというのも造園家という職業から、全国の人々がその風土に適した自然との付き合い方が、神事や祭りに表出しているからであり、それをこの目と耳でという思いで訪ね歩いている。

**われわれ**日本人は、美しいが突然意に反した厄災をもたらす自然を神としてあがめてきた。よってそうした神々への神事を通じた祭りを含む諸行事に、その土地ならではの自然観を窺い知ることができる。

その代表例が、伊勢神宮の式年遷宮であろう。そこに日本人の自然共生の思想の大本を読み解くことができる。常に自然に対し畏敬の念を抱き、その自然には逆らわず、時には自然がもたらす厄災ですら受け入れ、それをしのぎ、耐え、時にはいなす。そして再生循環する自然への畏敬は、やがて「常若《とこわか》」つまり久遠《くおん》に命が蘇ることを願う心に発展深化する。

また、その地に暮らす人々は、自分たちが祀られる自然神の縁者にあたる存在であることを、祭りを通じて神に強調し、その地の安寧と恵としてもたらされる収穫の確実さを祈るのである。

こうした構図が空間に投影された姿を先月大村湾に面した佐賀県太良町で目にした。大村湾の海浜部に大魚神社が祀られ、多良岳から大村湾に浮かぶ沖の島を結ぶ直線をなぞるように、海中に沖

大村湾の沖ノ島に向かって延びる海中鳥居。(涌井雅之撮影)

の島に向かって鳥居が並ぶ神秘的な美しい景色をこの目で捉えることができた。

さてさらに感動を覚えたのが、高山祭からの帰途、同じく世界遺産の白川郷の奥地、白川村木谷集落の白山神社のどぶろく祭であった。全国でどぶろく醸造を神事に絡めて認められている数は約40、そのうち5社がこの白川村に集まっている。

## その中で

戸数がわずかに6戸しかないこの地で、盛大などぶろく祭とそれにつきものの獅子舞が今でも奉納されている。この集落からは、ペリーが来航した折り、幕府に命じられ、演舞の一つとして米俵8俵を一度に担ぎ上げ、日米双方から絶賛された前頭筆頭の相撲取り白真弓肥太右エ門《しらまゆみひだえもん》が出ている。

それにしても2月から神社の中でどぶろくの仕込みが始められ、10月10日のどぶろく祭に間に合せ、しかも目で数えただけでも、神官と禰宜が1人ずつ。正装の村役が6人。太鼓や笛のお囃子方が10人、獅子舞の獅子に3人、獅子を操る唐子童子が2人、神輿の担ぎ手に旗持ちを入れて4人。計27人が獅子舞を演じ供奉している。どう考えても6戸の集落の規模から推定して勘定が合わないのである。そっと聞けば、意地でやっているとの答え。

なるほど、祭りの季節になると集落出身者がこの地独自の「結《ゆい》」の掟に従い舞い戻り、この神事を挙行しているのかと思ったとたん、高山のような人口規模であろうと、ここ木谷集落のような規模であろうと、自然共生の思想を地域に伝承し、時代を貫くためには、地縁結合型社会を維持し続けること、それ無くしてはあり得ないと改めて肌が泡立つような感動を覚えた。

その感動の中で、ランドスケープの語源と言われているドイツ語ランドシャフツの意味が、地縁結合型社会ゲマインシャフトの様子を可視化した状態であることが、ふと頭をよぎった。

## さて、

この白山神社での獅子舞奉納が終わると、次に一同打ちそろって集落内の各戸を巡り歩く。驚いたのはその折、小ぶりの神輿が各々の座敷に担ぎ入れられ、神官の祝詞《のりと》が読まれ、神輿をそのままにして縁側前の庭場で、再び獅子舞が舞われることである。そしてすべてを回った後に、どぶろくが参集者全員に振る舞われる。

その2週間後、筆者は今度は岐阜県中津川市加子母の国有林にいた。何故なら、18年後の次回の伊勢ご遷宮のための用材の伐倒神事「神宮式年遷宮御用材伐採斧入れ式」が挙行されたからである。伊勢神宮大宮司ほか多くの参列者の前で、1300年の伝統に基づき杣人《そまびと》たちによる古式の伐木「三つ緒伐り」が行われた。

## 秋の旅路の

紹介をしたが、その全てに日本人の自然共生と再生循環の思想と伝統に彩られた風景が投影していた。このつれづれが普段目を向けられない地方に、伝統と文化と故郷への誇りが支えとなって、祈りと共に宝石のような祭りが厳然と息づいていることへの理解の一助になれば嬉しい限りである。われわれ都会に居住するものが、地方や地域を忘れたとしたならば、自らのアイデンティティを捨てることと同義であることを今一度胸に刻みたい。

白川神社どぶろく祭に奉納される獅子舞。(涌井雅之撮影)

*Masayuki Wakui*

1945年、鎌倉市生まれ。
東京農業大学農学部造園学科卒。
「景観十年、風景百年、風土千年」と唱え、人と自然の空間的共存をテーマに多くの作品や計画に携わっている。TBS「サンデーモーニング」のコメンテーターとしても活躍中。

# 100年後も〝雪国〟であるためのブランディング力

## 井口智裕さん

一般社団法人雪国観光圏 代表理事

新潟、長野、群馬の3県7市町村という広域連携によりDMOを推進する一般社団法人「雪国観光圏」。設立から10年、ブランディング、ターゲティング、そして品質保証制度など現在までに行ってきた取り組み、さらに「100年後も〝雪国〟であるために」、今後の課題について、同代表理事の井口智裕さんに聞いた。

構成●山下 隆（エディ・ワン） 写真提供●一般社団法人雪国観光圏 撮影●編集部

### 8000年も前から刻み込まれた〝雪国〟DNA

「雪国観光圏」は新潟県（魚沼市、南魚沼市、湯沢町、十日町市、津南町）、群馬県（みなかみ町）、長野県（栄村）といった3県7市町村にわたる広域観光圏です。

連携のきっかけは北陸新幹線の開業でした。私は、越後湯沢で旅館を経営していますが、北陸新幹線の開業に合わせて、特急「はくたか」が越後湯沢駅に止まらなくなることが決まり、非常に危機感を持ったのです。とはいえ、旅館1軒ではどうすることもできません。また、越後湯沢という狭い地域で頑張っても限界があります。

だからこそ、もう少し広域な〝面〟で地域をブランディングしていく必要があったのです。共通の文化や気候環境などを持つ3県7市町村が集まり、ともに地域を盛り上げていこうという思いで「雪国観光圏」を設立しました。

2008年（平成20）から連携事業がスタートし、間もなく11年目を迎えます。これまでの10年間は主にブランディングの策定に多くの時間を割いてきており（左ページの図参照）、2016年くらいから、本格的な事業化に向けて具体的に動き出した段階です。この10年間を振り返りつつ、「雪国観光圏」がどのようにしてブランディングしてきたかについて、説明していきます。

この地域は、毎年3mの降雪がある世界的な豪雪地域です。「雪国」という言葉の響きの良さもあって、「雪国観光圏」というネーミングはすぐに決まりました。しかし、問題は「本当に『雪国』でお客様が呼べるのか？」ということ。

確かに、スキーや温泉、おいしいお米や地酒などの観光素材は豊富にあります。しかし、日本国土の50％は雪が降るし、スキー場や温泉、お米や地酒も日本各地にあります。つまり、この地域を日本唯一の「雪国」と呼ぶのにふさわしい世界に誇れる価値とは何か？　地域らしさを語るストーリーなくして、観光素材だけでは他の地域との差別化を図ることができないわけです。

そこで、各地域の学芸員の方々に協力を

**雪国観光圏MAP**

新潟県の魚沼市、南魚沼市、湯沢町、十日町市、津南町、群馬のみなかみ町、長野県の栄村という3県7市町村にわたる広域観光圏。東京駅から約70分、練馬インターから2時間と首都圏からのアクセスもよい。

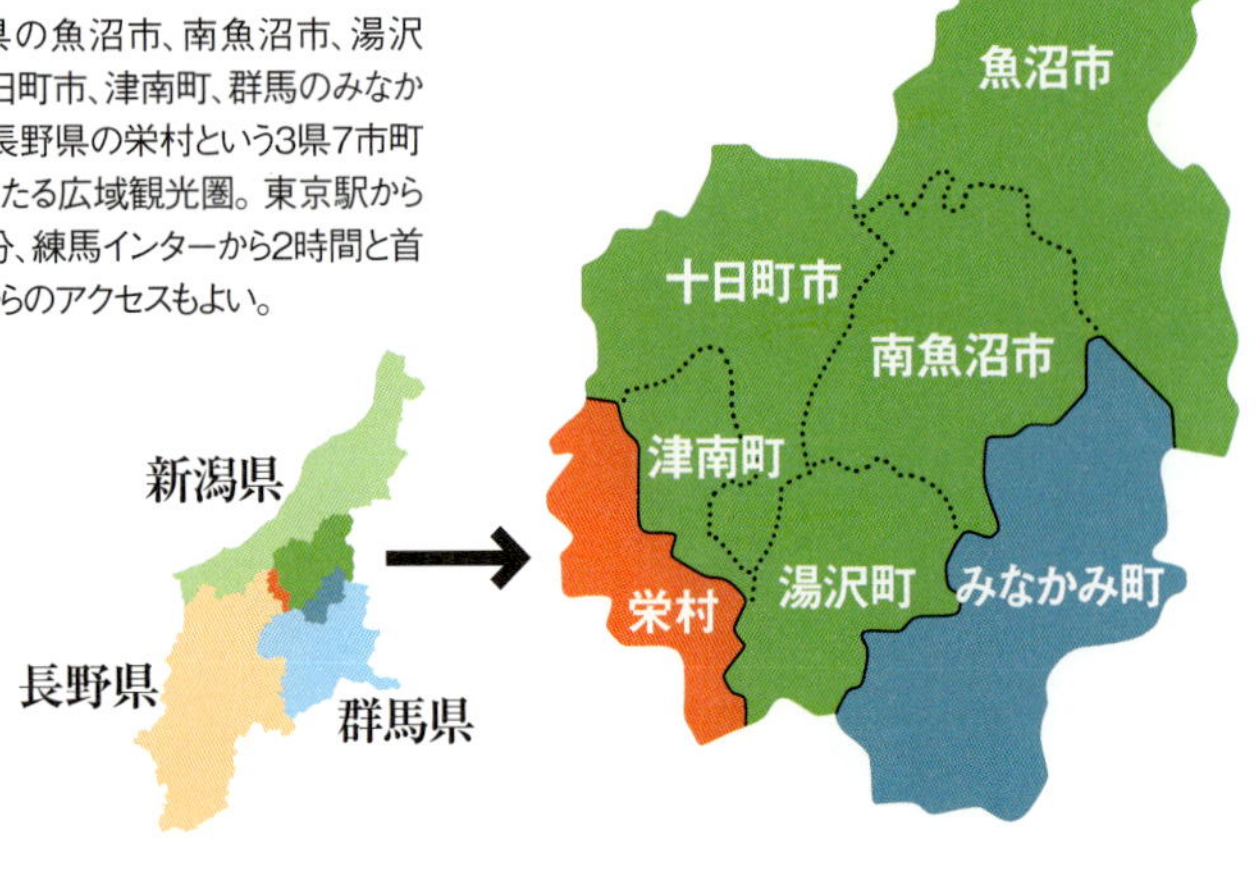

*Tomohiro Iguchi*

1973年新潟県湯沢町生まれ。
2008年、雪国観光圏設立以来プランナーとして参画。
13年に一般社団法人雪国観光圏を設立し代表理事に就任。
合同会社雪国食材文化研究所代表社員、
越後湯澤HATAGO井仙代表取締役なども務める。

## 雪国観光圏10年の歩み

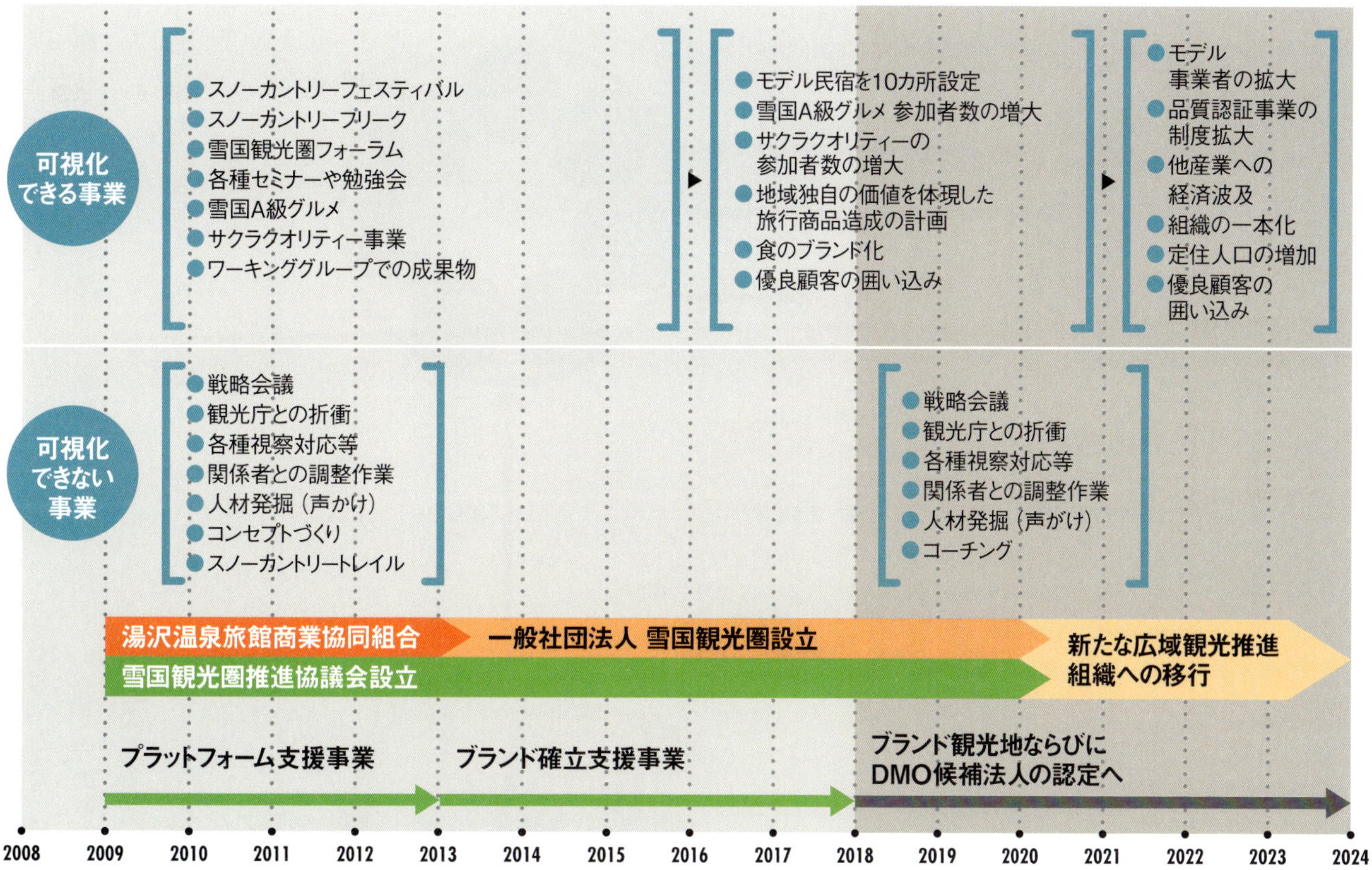


2008年の設立以降、3～4年間はほとんど可視化できない水面下での事業が推進されてきた。
13年には「観光地域ブランド確立支援事業」の認定を受け、5年目の節目となる18年は総括の年となる。

仰ぎ、1年にわたって議論を重ねてきました。その中で導き出された答えが「真白き世界に隠された知恵に出会う」というもの。

雪国観光圏は、北緯37度にありますが、世界的に見るとポルトガルのリスボンやギリシャのアテネ、アメリカのサンフランシスコなどと同じ緯度にあります。いずれも温暖な地域ばかりです。海外の人たちにとって雪は、アルプスなど標高の高い場所というイメージなので、この地域が豪雪地帯であることをとても不思議に思うのです。しかも6万人もの人々がその地に暮らし、ふつうに生活をしています。

実はこの暮らしは8000年前から変わらず、さまざまな知恵を出し合って豪雪地帯のなかで生活してきました。国の無形文化財で世界遺産にも登録されている「上越上布」は、雪原に布を晒《さら》して漂白させる雪国ならではの知恵によって育まれた技術です。稲作に不向きな寒冷地で改良を重ねて「魚沼産コシヒカリ」という日本一の米も作りました。

8000年もの歴史の中で雪国での暮らしは、DNAとして深く刻み込まれています。雪とともに暮らし、知恵を育みながら生活してきDNAは、世界に唯一誇れる価値であり、このストーリーこそがブランディングの第一歩となりました。

### 既存の考えに固執しているとブランディングは確立しない

こうした、雪国の知恵に根ざした食事や宿泊施設、暮らしや文化に最も共感してくれる人は誰か？　いわばターゲティングが次のテーマでした。「顧客層を絞り込む」ことを行政や観光協会、さらに事業者もあまり快く思わないかもしれません。しかし、老若男女すべて受け入れることが観光事業のあり方だという考えにとらわれていると、ブランディングは確立しません。合意形成が難しいテーマであり、まとめるのは大変ですが必ずやり貫く必要がありました。

「誰がお客さんだと地域が幸せになるのか」という視点で雪国の文化や価値に共感し、毎年訪れて応援してくれるお客様。地域にお金を落とすだけでなく、地域との関わりを大切に思うパートナーこそが「地域を幸せにしてくれる」存在です。ターゲットの中心軸は「都内に住む40代独身の女性管理職」。イメージとしては——。

〝世界中を旅し、地元の人との関係性を求

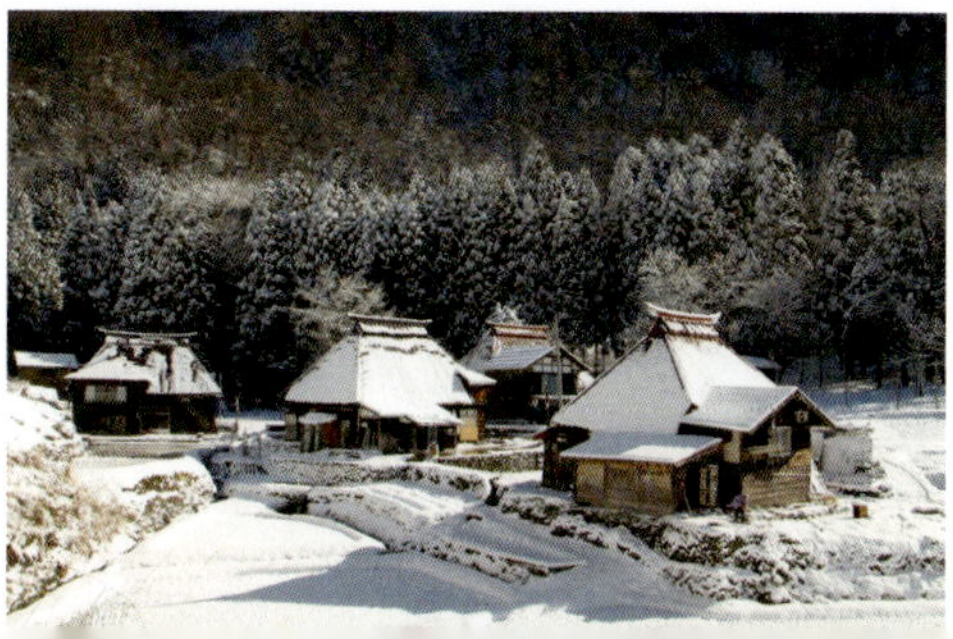

め、ときには一人でぼーっとした時間もすごす。施設は豪華でなくとも清潔で、商業化されていないもてなしが受けられる〟

さらに「今井薫」と名前をつけて、イメージしやすくしています。こうした40代独身女性というコアなファンが満足するコンテンツをつくっていくことです。例えば、「雪国の冬支度」というテーマの観光素材一つとっても、小学生を対象とするのと、40代女性を対象とするのとでは、その内容は大きく異なります。ガイドのスキルや宿泊移設のクオリティも大きく変わることでしょう。

**来訪者と地域の相思相愛の関係づくり**

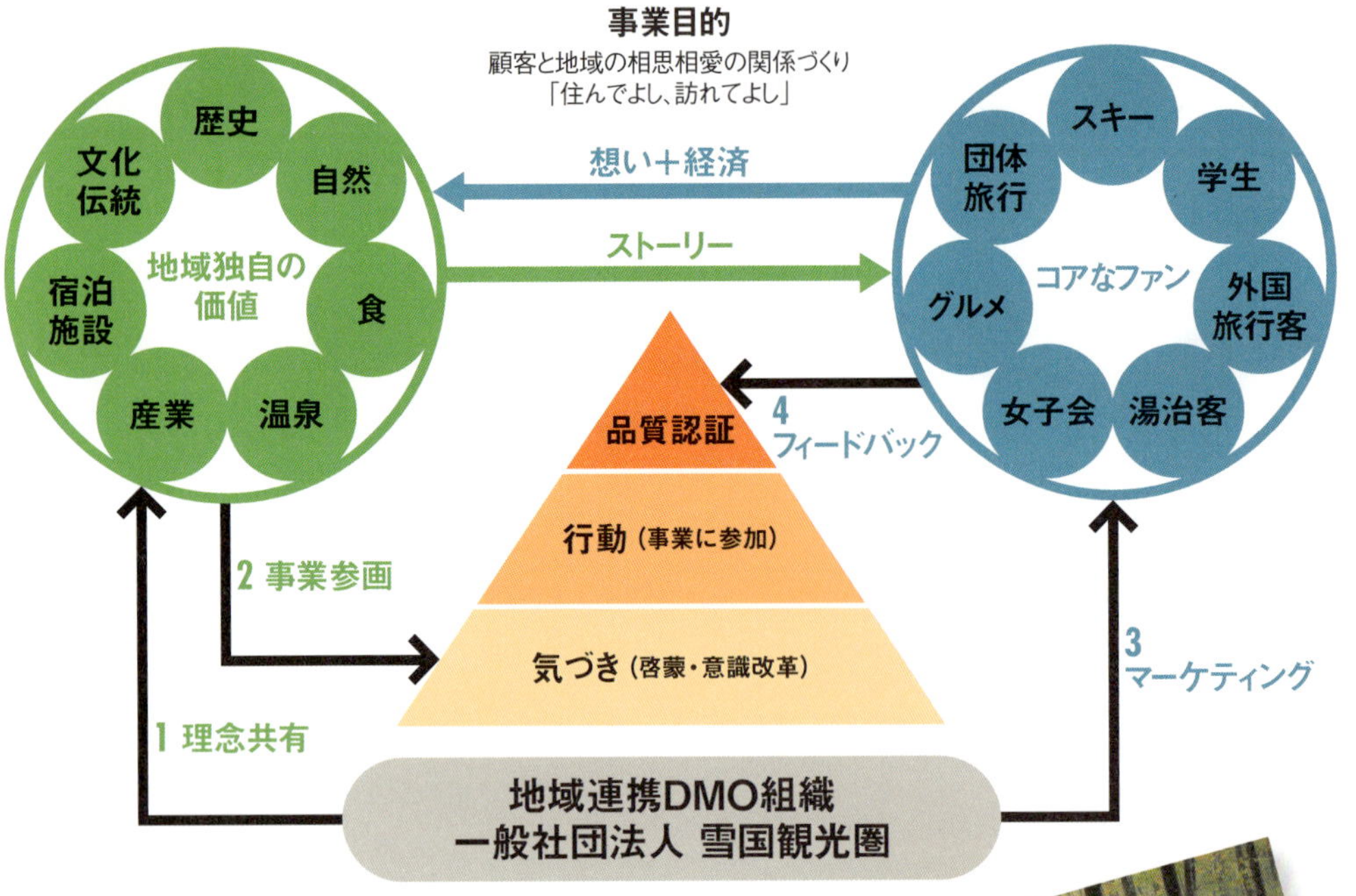


コアなファンに「雪国」の魅力を正しく届ける。「サクラクオリティ」などの品質保証制度の導入とともに、顧客と相思相愛の関係づくりをミッションに、「住んでよし、訪れてよし」の地域を構築。

そこで、コアなファンが満足する観光素材へとチューニングしていく作業が必要になります。その1つが品質保証制度というものです。宿泊場所では施設やサービスなどの品質を等級で評価する「サクラクオリティー」を国内では先駆けて導入しています。また、飲食店も地場産の食材を積極的に活用し、その使用状況によって1つ星から3つ星まで認定を行う「雪国A級グルメ」を導入。さらに、それらの施設やサービスについてワンストップで案内する窓口を設置しています。このように、施設やサービスの品質を上げ、満足度を高めることでリピートやクチコミにもつながります。

## 大海原を航海する船にとって北極星のような存在を目指す

こうして出来上がった地域のストーリー、価値、クオリティを持続可能なカタチにしていくのがDMOの役割です。「観光地づくり」ではなく「観光による地域づくり」こそが、DMOが為すべき課題。ここが今まであった既存の観光協会とも異なる部分です。

宿泊業はお客様を増やして利益を上げることがいわば事業目標ですが、DMOの視点に立てば、一番重要なのは子どもや孫の代まで事業継承されるような地域づくりです。そのためには、そこで働く人材も重要ですし、おいしい食材を提供する農家も欠かせません。観光事業を通じて地域のあらゆる人々が活力を生み出すことまで視野に入れて、その仕組を構築していくのがDMOのミッションです。「100年後も雪国であるために」というビジョンのなかで、現在はその途上にあります（69ページ図参照）。

具体的には、メルマガ会員（見込み客）を現在の3000名から2万人にアップすること。その中から雪国観光圏のブランドである「雪国の知恵」に共感する宿泊客の獲得と、再来訪率をアップすること。さらに、お客様の中でも、影響力のあるファンの獲得が重要です。そのためには、事業者側も学び、観光事業への住民の理解を高めていくことも必要です。そして一人でも多くの住民が、自らの意志で地域の活性化に寄与すること。

先行きの見えない大海原で目指すべき方向性を示す「北極星」のような存在であること。それが地域のブランディングであり、DMOの果たすべき役割なのです。

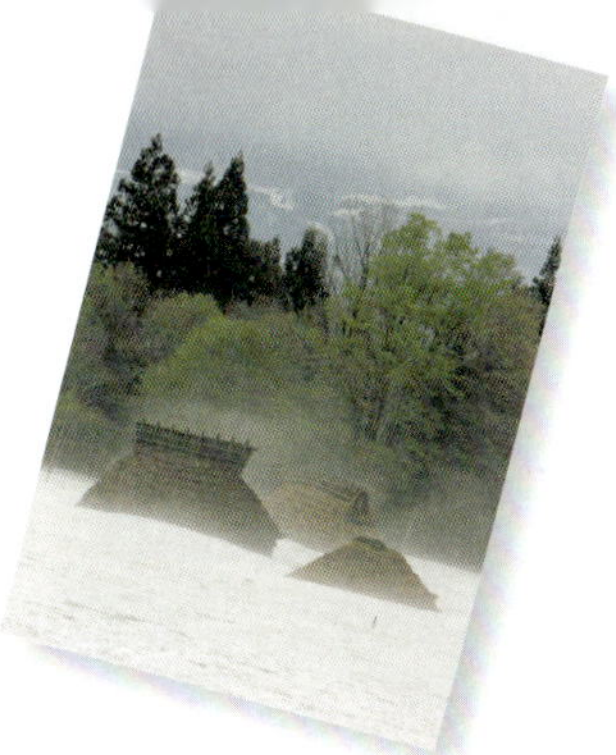

## 運営理念を掲げた中期事業目標

**100年後も雪国であるために**

- 来訪者が訪れることで、地域に暮らす人たちが自分の暮らしに誇りをもてること。
- 雪国の知恵や文化が世界的に評価され、新たな価値を創造すること。
- 後継者が夢をもって事業継承できる環境であること。
- 継続的に事業者の質を高め、顧客にとって再来訪する価値であり続けること。
- 多様な関係者が理想を共有し、互いに協力しあいながら事業を行う。

| 活動内容 | 顧客側の目標値 |
|---|---|
| SCF（紙媒体）イベントパブリシティー | メルマガ会員などの見込み客を獲得 3,000名→20,000名 |
| ホームページでの商品販売 | 「雪国の知恵」に共感する宿泊客を獲得 0名→1,000名<br>斡旋するツアーの再来訪意向 25%→45% |
| 顧客へのアフターフォローの実施 | 影響力のあるファンの獲得 0名→100名 |

| 活動内容 | 顧客側の目標値 |
|---|---|
| フォーラムの開催 勉強会の開催 | フォーラムや勉強会への参加者数 年間500名→5,000名<br>雪国観光圏事業への住民理解度 未測定→35% |
| 宿泊、食 体験プログラムでの認証 | サクラクオリティーの認定 40カ所→100カ所<br>雪国A級グルメの認定 30カ所→100カ所 |
| 事業支援の実施 | 活性化に成功したモデル民宿や飲食店 5店舗→15店舗 |

関係の深さ

（地域へのよい影響を与える来訪者の開拓）　参加者の広がり　（自らの意志で行動しようとする地域住民の活性化）

単体では埋もれてしまう地域資源を発掘、つなぎ合わせ、磨き上げることで世界に通用する価値を生み出す。

## 清水愼一の眼
EYES of SHIN-ICHI SHIMIZU

# 地域のストーリー、価値、クオリティーを持続可能な形にするのがDMOの役割

雪国観光圏の事業が始まってほぼ10年。井口智裕さんによれば、そのほとんどをブランディング作業に費やしたという。その過程はこの地域を「日本唯一の“雪国”と呼ぶにふさわしい世界に誇れる価値は何か」と追求した結果、「真白き世界に隠された知恵に出会う」という言葉にたどり着く。次に、「雪国の知恵に根差した暮らしや文化に最も共感してくれる人は誰か」と考えた結果、代表的なペルソナ像として「都内に住む40歳独身管理職・今井薫」に出会う。その次に、このようなコアなファンが満足する観光素材へとチューニングする作業に取り組む。そして最終的にでき上がった地域のストーリー、価値、クオリティーを持続可能な形にしていくのがDMOの役割だと理解する。ブランディングとは、このような一連の経過や積み重ねを意味するものなのだ。

井口さんは、ブランディングとは「地域にとって“北極星”のような存在であり、先行きの見えない大海原で常に不安にさいなまれる経営者や、行政関係者に目指すべき方向性を示すもの」と言う。だから、時間と労力をかけるのは当然だと、断言する。

雪国観光圏が取り組んだそれは、わが国ではほとんど行われたことのない未知の分野だけに、全国から参加したDMO関係者からの質疑は実に活発だった。まず、キャンペーンとブランディングはどう違うのかという素朴な質問があった。「ブランディングは、地域と顧客との信頼関係の構築。キャンペーンは専門家に頼めばできますが、ブランディングは地域住民が思いを持って取り組まねばできません。先行きに対して漠然とした不安が広がっている時代にあって、一過性のキャンペーンは虚しくなるだけです」と井口さんは明確に答えた。また、「うどん県では心がないし、通じない」と気づいた香川県DMOの担当者からは、「7市町村という広い地域での住民のベクトル合わせは大変だったのでは」という質問が。これには、「湯沢町のように手あかがついたところは大変。だから、手あかのついていない地域を巻き込むことを考え、その結果、津南町や栄村こそが、雪国の一丁目一番地かもしれないと気がつきました。観光協会のように会費をとっていないからうまくいったのかも。会費をとっていたら満遍なくやれと言われてまとまらなかったかもしれません」と苦労の一端を吐露した。

また、「ターゲットを今井薫に絞ったことについて反発がなかったか」という質問に、「今井薫は内部の共通言語だから、お客様には見せません。今井薫により、女性の多くが響く」と答えていた。

最近、ブランディングに取り掛かる地域が増えてきた。問題は雪国観光圏のように、10年近い持続的な議論を辛抱できるかどうかだ。功を焦って、安直に専門家に頼んで失敗した事例は数多い。

Shin-ichi Shimizu
大正大学地域構想研究所 教授

第2回ＳＣＨシンポジウム。東北芸術工科大学の学生が運営を担った。

地域とともに歩む 4
高校連携で始まる人材循環

# 行政・高校・大学の連携で人口減少対策に取り組む（上）

## ―最上地域政策研究所（山形県）―

**浦崎太郎** 大正大学地域構想研究所 教授

**地域の持続的な発展には産業振興を担う若者の確保が不可欠である。この課題に対して、県支庁と管内市町村が高校生と地域の関わりについても調査研究し、行政施策化したのが山形県最上地域である。事業化に至る経緯や実施した成果について、2回に分けて紹介する。**

写真提供●山形県最上総合支庁、東北芸術工科大学コミュニティデザイン学科

*Taro Urasaki*
1965年岐阜県生まれ。岐阜県内で高校教師として学校と地域の連携について実践的に研究。
2017年4月より現職。地域創生学部で実習企画や学生指導を担いつつ、
高校と地域が連携して人材育成と地元回帰を推進する仕組みの普及に尽力。
文部科学省中央教育審議会学校地域協働部会専門委員を務めた。

### 最上地域の行政機関が人口減少対策で高校生に着目

山形県内陸北部に位置する、山形県最上総合支庁。ここで、最上管内の８市町村（新庄市、金山町、最上町、舟形町、真室川町、大蔵村、鮭川村、戸沢村）の首長を前に政策提案を行う町村職員３名の姿があった。

彼らは、「若者の確保にむけて、地元での就職を希望する高校生を対象とした施策はあるが、卒業生の約７割におよぶ大学等への進学者に対するアプローチは行われていない」「進学者は地域や地元企業をよく

1 第2回SCHシンポジウムには全国の高校や地域の関係者が集まり、連携の進め方を学んだ。2 シンポジウム参加者との記念写真。

知らないまま地域外に出ていくことになり、地元で働くことを意識する機会がない。高校の時に地域のことをもっと知る機会があったら、きっと大学へ進学する目的も変わっていたという大学生もいる」「大学へと進学していく高校生が、地元を理解するプログラムを各市町村で展開する新規事業を提案したい」と、地域の持続的な発展を担う若者の確保について述べていた。

3名は最上地域における課題について調査・研究を行い、各市町村の政策推進に役立つよう、市町村職員等の政策形成能力の向上を図ることを目的とする「最上地域政策研究所」の研究員である。

最上地域政策研究所は、最上総合支庁の管内8市町村と最上広域市町村圏事務組合が、共通する地域課題に共同で対処する目的で2012年（平成24）に設置された機関。各市町村から任命された8名の職員が週1回程度支庁に集まり、調査・研究活動を行う。期間は1期2年だ。

2016年度からの第3期は「地域公共交通」「産業人材確保」「観光DMO（＊1）」の3つのテーマで研究活動を展開。前述した各首長に対する政策提案は、中間発表会の場で行われたものだ。

最上地域の行政機関が人口減少対策として高校生に着目したのは、新庄北高校の延沢恵理子教諭（当時）が2014年度の始めに支庁を訪問したことが発端だった。延沢さんは高校生に地域課題との関わりを通して将来を展望させるキャリア教育を知り、同校の授業で実施するため支援要請に訪れていた。この時、応対した支庁職員の坂本健太郎さんは、延沢さんを県の出前講座を担当する部署につないだ。後にこれがきっかけとなり、同校は総合的な学習として1年生約200人を対象とする「地域理解プログラム」が実現する運びになった。

「延沢さんの狙いはよくわかりましたが、その時は学校からの要請に応えただけで、後々支庁が主体性を発揮することになろうとは思ってもみませんでした」（坂本さん）

2014年10月、同校の地域理解プログラムの実践について、筆者は延沢さんとの情報交換のため山形市を訪れていた。この時、プログラムの普及に努める東北芸術工科大学コミュニティデザイン学科准教授の岡崎エミさん、山形市職員の後藤好邦さんとの面会が実現した。

## 地域を担う高校生の育成論議が始まった

岡崎さんは、「まちづくりには高校生の参加も必要なんです」と、これまでにいくつもの学校を訪ね歩いてきた。一方、後藤さんは公務員やまちづくりに携わる人たちが、ゆるやかにつながって意識やスキルを高め合っていこうと「東北まちづくりオフサイトミーティング」（略称・東北OM）を主宰。その重要性が理解されてからは、千人規模のネットワークへと育っていった。

これらの出会いを通して、2015年2月に東北芸術工科大学を会場に「第1回SCHシンポジウム」（＊2）が開催された。

この会には、全国の高校・行政・まちづくり団体等の関係者が110名ほど集まり、「地域を担う元気な高校生を育成するにはどうすればよいか」をテーマに語り合い、会場は熱気に包まれていた。

「参加者たちは、高校や行政の対応に限界を感じていました。この会を通じて、立場を越えて未来への道が見えてきたのかもしれません」（岡崎さん）

実際、さまざまな地域課題や、継続的に関わるプログラムを高校生に提供する労力は膨大なものだ。到底、高校の一部署が担えるものではない。また、キャリア教育の一環とはいえ、「地域について学ばせるのは学校の仕事なのか」という疑問は、学校教育の現場では当然のように起こる。

学校の負担を軽減しつつ、質の高い学習

### 山形県最上地域の構成

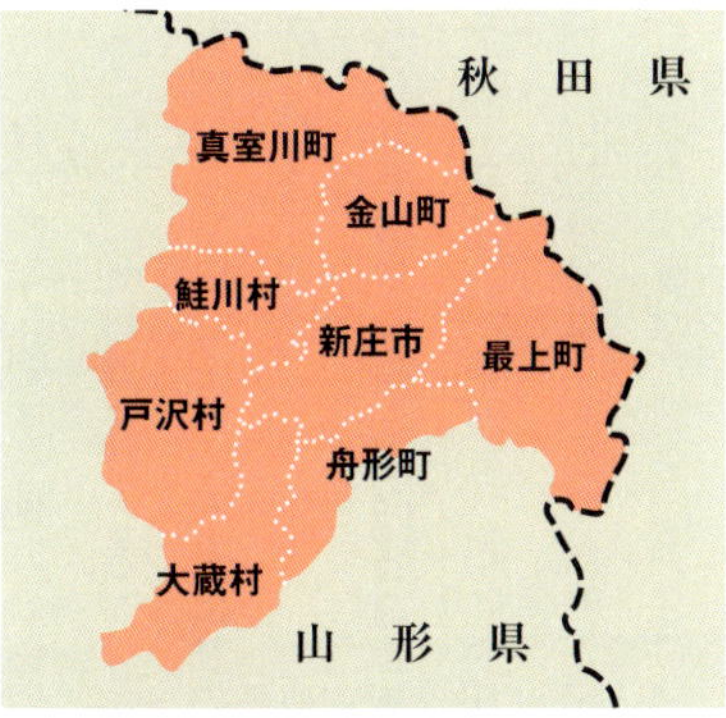


最上地域は山形県北東の内陸部に位置し、東は奥羽山脈を境に宮城県と、西は鳥海山や月山に代表される出羽山地を境に庄内地域、北は加無山を境に秋田県と接している。地域の総面積は県全体の19.3%1を占め、1市4町3村で構成。

### 最上地区の人口推移

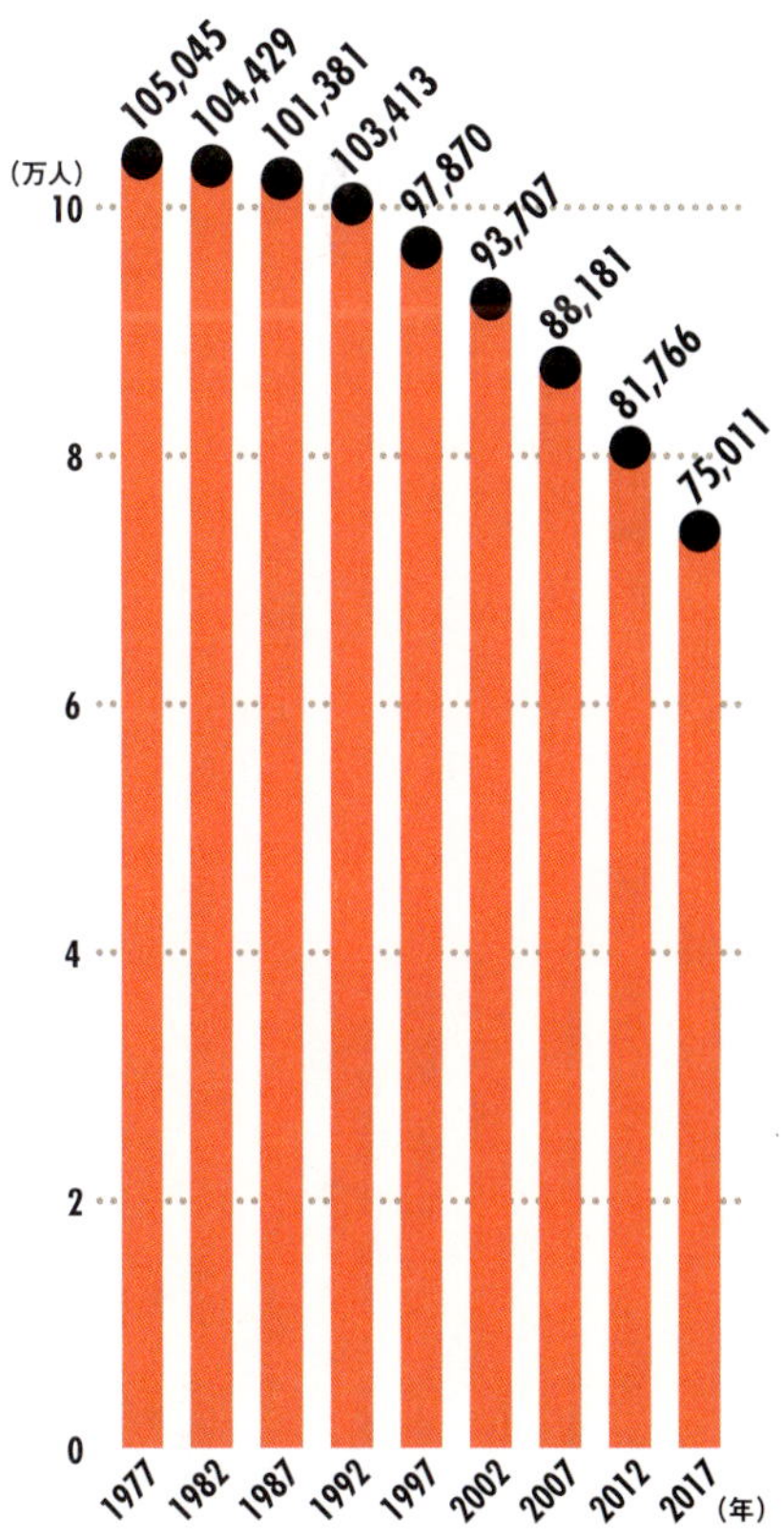


全国的に高齢化と人口減少が問題となっているが、最上地域での大きな要因は若年層の多数の転出によるという。
出所：総務省「住民基本台帳人口移動報告年報」より。

を保つには、授業に対する地域の協力はもちろんのこと、地域が主体となって授業外で学習機会を提供していく運営体制の構築が不可欠だった。

　こうした事情や後藤さんの努力もあり、2015年9月に北秋田市で開催された東北OMの勉強会では、初めて教育がテーマに掲げられた。また、第2回のSCHシンポジウム（2016年2月）では、広島・新潟・東京・宮城・山形などが地域別に集まって、各地元で連携事業を展開していけるよう、作戦会議が行われた。この会には、延沢さんや坂本さんの呼びかけで、最上からも多数の参加者があり、「チーム最上」で次年度の計画を立案することになった。

　ここで、思いもよらない出来事が起こった。それは、これまで支庁の職員だった坂本さんが、最上地域政策研究所を担当する部署に異動となり、研究活動に助言できる立場となったのだ。これによって、地域を担う高校生を育成する研究活動は、飛躍的に動き始めた。

### 「もがみ地域理解プログラム運営委員会」につながる人物関係図

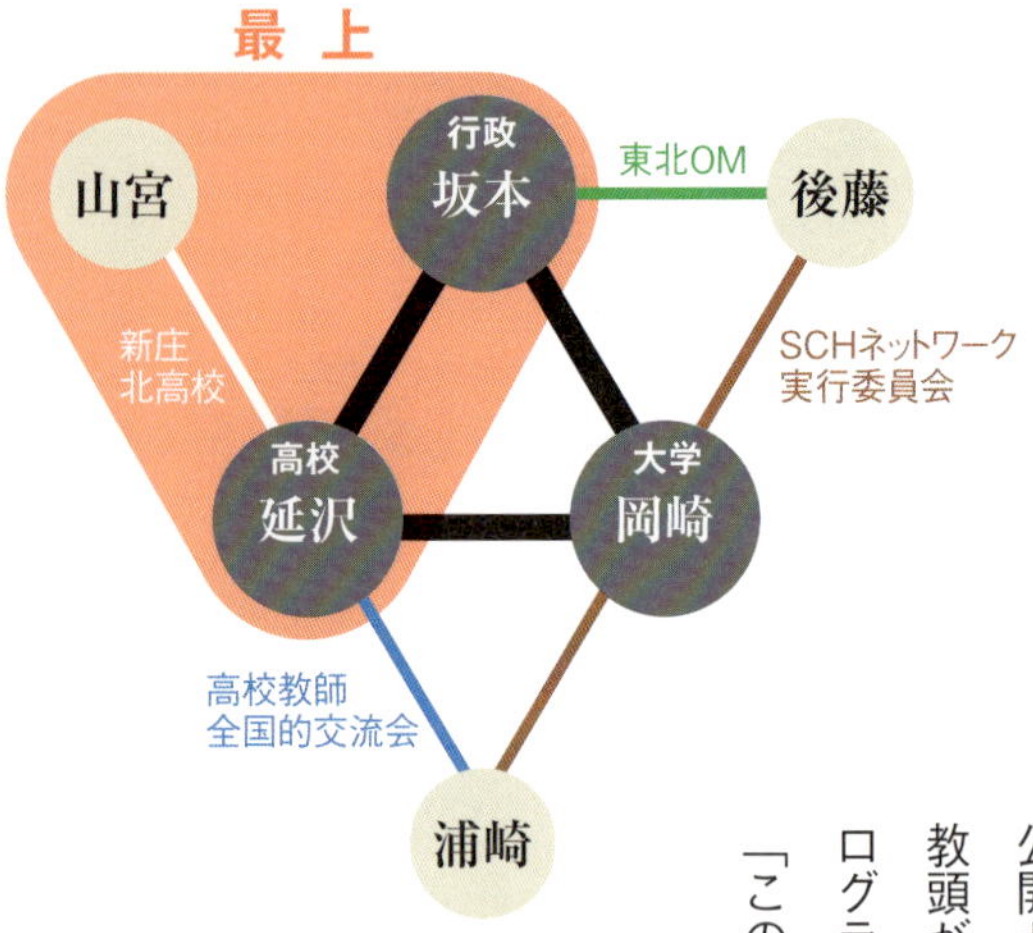


最上にはSCHの推進者とのつながりのある人物が高校と地域の双方におり、高校・大学・地域のトライアングルを構成することができた。

## 高校と地域をつなぐ仕事は生易しいものではなかった

　坂本さんは、最上地域政策研究所のメンバーに対して、人材確保の点で高校生へのアプローチの重要性を丁寧に説明した。そして、「地域産業を支える人材の育成・確保」を検討するチームの調査・研究内容に「高校生が地域を理解するプログラム」が取り上げられることになった。同年6月、研究所が公開セミナーを主催。新庄北高校の山宮守教頭が、同校で3年目を迎えた「地域理解プログラム」の実績や展望について語った。

「この公開セミナーは高校と地域の連携が、最上の地で、最上の課題として、最上の関係機関に届いた節目となった会でした」（坂本さん）

　8月には、研究員2名と坂本さんが岐阜県可児市を訪れ、2日間を費やし高校や地域の関係者を回り、同市の仕組みを最上で応用することを念頭に、細部まで調査を行った。

「高校生が地域で効果を直に確認できた半面、立ち上げ期にクリアすべき問題が数多く、特に高校と地域をつなぐ運営団体の仕事は、素人が片手間にできる代物ではないことがハッキリとわかりました」（研究員・石川忍さん）

　坂本さんたちは最上に戻ってから、調査結果を踏まえて政策を慎重に検討。11月1日にほかの施策とともに、8市町村の首長に向けて提言したところ、その重要性が認められ、具体案の検討に移り、新庄北高校以外の生徒の受け入れや、運営に要する負担を分散できるように努めた。

　その結果、8市町村が一つずつプログラムを用意することや、プログラムの質を保つために東北芸術工科大学の参画を求めること、事業の中核を担う団体がプログラムを運営していくための金額を各市町村で分担する案などをまとめ上げた。過去には提言だけで終わってしまった研究成果もあったが、入念な調査や実効性の高さなどが評価され、2017年度に向けた内容は、ほぼそのままの形で事業化された。

　ここまで、人口減少対策として行政が高校生に焦点を当て、行政・高校・大学の三者連携による人材循環政策を立案してきた過程を紹介してきた。

　次号では、その政策が2017年度にどのような形で実施され、その結果、どんな成果を収め、課題が残ったのか、具体的な取り組みについて紹介していく。

1 地区ごとに進め方を協議した第2回SCHシンポジウムで「チーム最上」の計画を発表する坂本健太郎さん。2 同シンポジウムで発表を行う学生。3 管内8市町村の首長を前に成果を発表する最上地域政策研究所の研究員たち。

＊1：DMO…「Destination Management Organization」の略で、観光物件、自然、食、芸術・芸能、風習、風俗など当該地域にある観光資源に精通し、地域と協同して観光地域づくりを行う法人をいう。

＊2：SCHシンポジウム…高校と地域の連携を志向する高校・自治体・民間団体が一堂に会する2日間のプログラム。事例発表や技能研修を交えつつ、連携を具体化するためのプロセスを描く。SCHは「Super Community High school」の略。

COLUMN

地域を担う高校生を育てるには

## 地域づくりの質を上げる必要性が高まった

**岡崎エミ** さん
東北芸術工科大学コミュニティデザイン学科
准教授

SCHシンポジウムは、新しい可能性が見え、元気が湧いてくる、そんな効果があるようです。「チーム最上」はその代表例で、あの場からこんなに素敵な仕組みが生まれたことは、とても感慨深いです。ただ、本番はこれから。参加したのにつまらないとなれば、高校生はむしろ地域に愛想を尽かしてしまうでしょう。つまり、突破口が開けたからこそ、大人は覚悟を決め、課題に向き合い、対話に臨み、地域づくりの質を上げていく必要性も高まったと思います。

## アンテナを張ることでチャンスにつながる!

**坂本健太郎** さん
山形県最上総合支庁総務課連携支援室

以前より東北OMに参加し、行政職員として担当外の課題に対しても広く研鑽を重ねてきました。2015年9月の北秋田勉強会もその一環で、この時に高校と地域の連携の重要性を痛感、「チーム最上」としての関係性の形成や、2016年2月のSCHシンポジウムにおけるビジョン共有につながりました。この土台がなければ、8市町村の首長への提言は絶対に間に合わなかったでしょう。チャンスはいつ訪れるかわからないので、常にアンテナを張り巡らすことが重要だと思います。

### 今回のポイント

- **担当部署にいなくてもアンテナを張る**
  自主的な勉強会に足を運べば、受け身では入ってこない情報を入手できるほか、いざ動くとなったときの多様な協力者との関係性が構築できる。
- **まちづくりに熟練した大学の力を借りる**
  高校と地域の連携には「まちづくり」の専門的な知見や技法が有用に。また、大学が交流や研鑽の場を提供する形をつくることで、連携の確実性や安定性が高まる。
- **多様な関係者が対話を通して計画を立案する**
  協議の流れに応じて発生する微妙な疑問点は、その場で可否や背景について確認することで、後に頓挫するリスクの軽減が図れる。

## 最上地区における高校と地域の連携体制の推移

| | おもな出来事 | 特徴・意義・効果 |
|---|---|---|
| 2013年度 | **進路指導サミット in 気仙沼**(2月)<br>●高校の進路指導担当教職員や関係企業等が全国から集う自主研修会<br>●新庄北高校の先生と筆者で情報交換 | ●「地域課題解決型キャリア教育」が新庄北高校に伝わり、同校で準備を進行 |
| 2014年度 | **新庄北高校「地域理解プログラム」開始**<br>●1年生の「総合的な学習の時間」に実施<br>●進路指導課が企画・運営<br>**第1回 SCHシンポジウム**(2015年2月)<br>●東北芸術工科大学(山形市)が主催 | ●高校からの依頼に最上総合支庁が応える<br>●最上地区からも高校や行政の関係者が参加し、高校と地域が連携・協働する重要性を共有 |
| 2015年度 | ●新庄北高校、進路指導課の体制を強化<br>**東北OM 北秋田勉強会**(9月)<br>**第2回 SCHシンポジウム**(2016年2月)<br>●地区毎に次年度の具体的な計画を立案<br>**新庄北高校に「探究コース」設置発表**(2016年3月)<br>※ 2018年度入学生より | ●最上総合支庁に加え、東北芸術工科大学コミュニティデザイン学科が運営を支援<br>●高校と地域の連携・協働をテーマに開催、最上地区の公務員も参画意欲が向上<br>●最上地区から高校や地域の関係者が〝チーム最上〟として参加し、展望を共有<br>●高校と地域が連携する重要性がさらに向上 |
| 2016年度 | **最上地域政策研究所が高校連携に参画** ←<br>●第3期(2016年4月~2018年3月)の研究テーマ「地域の持続的発展に向けた若手中核人材の確保」に高校生に対するキャリア教育支援を位置づけ(5月)<br>●同所主催の公開セミナー(6月)では、筆者の講演後、新庄北高校・山宮守教頭が実績と方針を発表<br>●研究員が岐阜県立可児高校等を調査(8月)<br>●管内8市町村長に対し、地域主体の「もがみ地域理解プログラム運営事業」を政策提言(11月)<br>●最上支庁が各市町村に説明(2016年12月~2017年3月)<br>**第3回 SCHシンポジウム**(2017年2月) | これまでも高校と地域の連携に貢献してきた坂本健太郎さんが最上総務課地域連携支援室に異動。「最上地域政策研究所」の研究をサポート、行政施策として展開できるよう尽力<br>●人材育成に対する地域の当事者意識が向上<br>●最上全体で展開する枠組みが確立<br>●〝チーム最上〟が実働にむけて結束強化 |
| 2017年度 | ●新庄北高校、進路指導課から「探究推進課」が独立<br>**「もがみ地域理解プログラム運営委員会」発足** ←<br>●管内8市町村でプログラムの開発に着手<br>**筆者講演会**(6月)<br>●教育関係者、地域関係者、市民有志による講演会を通じて、事業の重要性を各方面に周知<br>**「SHINJO・MOGAMI ジモト大学」実施**(8~11月)<br>●管内8市町村が各1つ、「とらいあ」が3つ、計11のプログラムを用意し、7月24日~11月12日に実施<br>●管内7校から延べ225名の高校生が参加<br>**第4回 SCHシンポジウム**(2018年2月24~25日予定)<br>●「ジモト大学」の実践成果を報告予定 | **構成**<br>最上管内市町村企画担当課、最上総合支庁総務課連携支援室、最上管内高等学校(新庄北高等学校)、最上教育事務所、東北芸術工科大学<br>**事務局**<br>一般社団法人とらいあ<br>**会長**<br>東北芸術工科大学コミュニティデザイン学科岡崎エミ准教授<br>●地域主体で高校生を育成する仕組みが稼働<br>●新庄北高校以外の高校にも波及<br>●新庄北高校では1年生154名が何れかに参加<br>●新庄北高校では、授業内(地域理解プログラム)と授業外(ジモト大学)の両面で地域と連携 |

## 新庄まつりが巣鴨にやってきた！

# 絢爛豪華な山車と囃子の響きが巣鴨をつつみ込む！

ユネスコ無形文化遺産にも登録された「新庄まつり」の大掛かりな山車と囃子を、
東京・巣鴨に移して「新庄まつりin巣鴨」が行われた。
初の試みを成功させた新庄市と巣鴨の人々の奮闘ぶりや裏話を紹介する。

取材・文●保田明恵　撮影●河野利彦、編集部

1　初めて見る山車に、巣鴨の人たちは大興奮。2　大太鼓、小太鼓、笛、鉦、三味線で囃子を演奏。3　巡行を前に、気合十分の升形若連たち。
4　大正大学構内では、玉こんにゃくや新庄焼きそばなど、山形県の名物料理も販売された。

### 新庄市の人々の手で大切に守り続けてきた祭り

「チェレンコヤッサー」の勇壮な掛け声とともに、鮮やかな色彩が施された絢爛豪華な山車《やたい》が町を練り歩き、まつり囃子の独特なしらべが祭りムードを盛り上げる——。

去る10月28日、29日の2日間、山形県新庄市の「新庄まつり」を東京・巣鴨に場所を移した「新庄まつりｉｎ巣鴨」が開催された。主催は巣鴨にある大正大学と、同大と巣鴨の3商店街でつくる「一般社団法人コンソーシアムすがも花街道」だ。

新庄まつりは毎年8月24～26日の3日間、山形県新庄市で行われる祭り。２０１６年（平成28）「山・鉾・屋台行事」として、ユネスコ（国連教育科学文化機関）無形文化遺産に登録されたのも記憶に新しい。

祭りの起源は江戸中期の１７５６年（宝暦６）。前年の大凶作による飢えや疫病に心を痛めた時の藩主・戸沢正諶《とざわまさのぶ》公が、領民

無事に祭りの日を迎え、
晴れやかな表情の山尾新庄市長。

を励まし、五穀豊穣を祈願して行ったのが始まりとされる。以来、少しずつ形を変えながら、民衆の力で今日まで守られてきた。

## 祭り実現に向け、多方面の人々が動いた

今回の祭りは、「ユネスコ無形文化遺産に登録された新庄まつりで、地方と東京の共生を実現し、巣鴨の地域振興にもつなげたい」と、大正大学が新庄市に祭りの派遣を依頼したところから話が始まる。

そのときのエピソードを、山尾順紀新庄市長はこう明かす。

「『山車は1台でも2台でもダメ、最低3台お招きいただいたらお応えしましょう』と、生意気な返事をしました」

20台もの山車の行列が、見る者を圧倒する〝本場〟新庄まつりの神髄に触れてもらうには、「最低3台」は譲れない条件だった。

新庄まつりがほかの地域に派遣されるのは、実は初めてではない。だが今回の巣鴨は、巡行ルートが商店街に設定された点が、これまでとは大きく違ったという。

新庄市商工観光課主査で、あらゆる立場の調整役を担ったという長倉薫さんは、「商店街に初めて来たとき、人の多さに驚きました。ここで山車を曳いたらすごいだろうなど、皆さんに見てもらうのを楽しみにしてきました」と話す。

だが、人がひしめく場所には懸念材料も多い。新庄山車連盟会長の木村満さんは、長年、山車を動かしてきた立場から、「道路の幅が狭く、路面電車の踏切をまたぐルートを見て、簡単にはいかないぞと思いました。安心、安全でなければ祭りは続きません。派遣先での事故など、もっともあってはならないこと」と、気を引き締めた。

準備期間の1年間、長倉さんや木村さんたちは何度も巣鴨を訪れ、巣鴨警察署とも話し合い、安全な巡行に向けてスケジュールを練り上げた。また、山車の高さも商店街に合わせた仕様にするなど、巣鴨派遣のため入念な準備を行ってきた。

3つの商店街も大正大学からの話を受け、全面的な協力を惜しまなかった。巣鴨駅前商店街振興組合理事長の長島眞さんは、「地域に生かされてきたお返しをしなければ」と、根底にある思いを語る。

会場の設営、ポスター作成、現場の警備など、要所ごとに運営を支えたのが大正大学地域創生学部2年生の学生たちだ。

学生の全体統括を務めた根本大我《たいが》さんは、

## 3台の山車が巣鴨のまちを巡行

山車は能や歌舞伎、歴史物語などから題材を取り、山車若連によって毎年新しくつくられる。巣鴨にやってきた山車がそれぞれ、何を表現しているのか紹介しよう。

（写真提供：新庄市）

### 風流「黄金の茶室」

豊臣秀吉が造らせたすべて金箔張りの黄金の茶室に、徳川家康と伊達正宗を招いて茶会を催した場面を再現。

### 風流「碇《いかり》知《とも》盛《もり》」

源義経に復讐を図った平知盛だが失敗し、碇を背に海底に沈みゆく悲壮な最期を迎える。浄瑠璃や歌舞伎で演じられる『碇知盛』の名場面。

### 風流「助《すけ》六《ろく》由縁《ゆかりの》江《え》戸《ど》桜《ざくら》」

歌舞伎の演目『助六由縁江戸桜』の1シーン。盗賊から刀を奪い返した主人公の助六は、追われる身となり、天水桶の中に隠れる。

8月の〝本場〟新庄まつりに曳き手として参加し、「地域の人たちが魂をかけて行っている祭り」を感じたという。

「だからこそ、新庄市の熱い気持ちに応える祭りをつくり上げたいと、学生たちにかけ声などの意味を一つひとつ説明し、現地の人々にとってどれほど大事な祭りなのかを伝えていきました」（根本さん）

## 豊島区民も曳き手に加わり往復4kmの道のりを巡行

ついに迎えた1日目。生憎、台風22号の影響で、時に降り出す雨に関係者がやきもきする中、メイン会場の大正大学構内でオープニングセレモニーがスタートした。

町内単位で結成される山車若連《わかれん》と呼ばれるチームが、3カ月あまりかけてつくり上げる自慢の山車3台がお披露目された。等身大の人形を中心に、館、花、波、馬などが配されたきらびやかな装飾に早くも見物客の目は釘付けだ。

学生による山車の紹介や、山車若連とは別の町内で結成される囃子若連によるお囃子も演奏され、祭りへの期待が高まる。

そして待ちに待った巡行開始。3台の山車は構内を巡回したあと、巣鴨中心市街地へと出発した。ここから3つの商店街を縦断し、JR巣鴨駅まで続く片道約2kmの道

## 密着取材! 歴史絵巻の山車が巣鴨の商店街を縦断!

10月27日（金）14:00

**大正大学到着**

祭り前日、トレーラーに積み込まれた山車が新庄市から巣鴨に到着。

▼

15:00

**組み立て開始**

新庄でパーツに分解された山車を手際よく組み立てる。

▼

10月28日（土）14:00

**オープニングセレモニー**

挨拶で今回の祭りのいきさつや、関係者への感謝を述べる山尾新庄市長。

▼

15:00

**庚申塚商栄会を出発!**

最初の商店街へ。横断幕を持つのは大正大学の学生たち。

15:40

**巣鴨地蔵通り商店街へ**

普段はのどかな「おばあちゃんの原宿」が、この日は祭りムード一色に。

▼

16:15

**中山道を直進! 巣鴨駅前商店街へ**

7車線の道路を賑やかに横断。交通規制され、山車は安全に渡り切った。

▼

16:25

**巣鴨駅前を通過**

巣鴨のど真ん中、JR巣鴨駅前へ。何事かと驚いて足を止める人も多数。

▼

16:40

**すがもん、お出迎え!**

巣鴨地蔵通り商店街の公式キャラクターの〝すがもん〟も祭りを応援。

16:50

**再び巣鴨地蔵通り商店街**

祭りの熱に浮かされたのか、店を飛び出し食器を手に踊り始める人も。

▼

17:00

**座・ガモール1号店前**

新庄の品物も扱うコンソーシアム花街道による地域産品ショップ前を通過。

▼

17:10

**都電 庚申塚駅踏切通過**

難所の踏切越え。あたりが暗くなる帰路は、特に慎重さが求められた。

▼

17:30

**明治通り堀割交差点**

ライトアップされた夕方の山車も感動的。ゴールはもう目の前。

のりを、3時間ほどかけて往復する。

まずは庚申塚商栄会へ。現地から駆けつけた新庄まつり実行委員会の面々が先頭に立ち、行進を繰り広げる。

続いて山車、囃子が姿を現す。綱を握り山車を曳くのは、事前に応募した豊島区民や山形県出身者などだ。時折強さを増す雨風にもひるまず、商店街や見物客の歓迎を受けながら、力強く歩を進める。

やがて第1関門となる都電荒川線の踏切へと差し掛かった。一つ間違えば事故になりかねないスポットだ。誰もが固唾を飲んで見守る中、架線に引っかかることなく、踏切の緩い勾配や、線路の凹凸もゆっくりと越えていった。

踏切を渡り、2つめの商店街である巣鴨地蔵通り商店街へ。ここで道路は2車線から1車線へと切り替わる。道幅をめいっぱい使って進むため、学生たちが歩行者に注意を呼びかける。

とげぬき地蔵尊（高岩《こうがん》寺）や眞性《しんしょう》寺など、巣鴨を象徴するスポットを、新庄まつりの山車が練り歩く。「新庄市と巣鴨の連携ここにあり」を感じさせる光景といえよう。

そして先頭の1台のみ、3つめの巣鴨駅前商店街へ繰り出して行った。白山通り（中山道）と交差する駅前交差点に突入し、7車線ある通りを大横断。駅前ロータリーを一巡して、巣鴨の中心で新庄まつりを存分にアピールした。

その後3台は、元来た道へUターン。日が暮れはじめると、山車はライトアップされ、馬の目が鋭く光り、桜は燃えるような夜桜に大変身。燃え盛る炎のように輝きながら、山車は無事大正大学へと帰還した。

翌日は荒天のため、巡行は大学構内のみと規模を縮小して行われたが、雨にも負けず楽しませてくれた祭りの担い手たちに、場内からは惜しみない拍手が送られた。

新庄市と巣鴨の人々が力を合わせ、成功へと導いた「新庄まつりin巣鴨」。かかわったすべての人々が、誇りに思える2日間となったに違いない。

COLUMN 1

## 山形のソウルフード 3000食のいも煮が巣鴨に登場!

山形の秋の風物詩、いも煮会。大正大学構内では「大鍋いも煮会」が開催され、目の前で煮込む熱々のいも煮が、1杯500円（引換券持参で無料）でふるまわれた。

このいも煮会を担当したのは新庄市と最上町の役場職員ら。最上町は新庄市の隣り町で、新庄市同様、大正大学の提携自治体であることから協力体制が取られた。

いも煮は地域で具材や味付けが違い、日本海に面する庄内地方は味噌ベースで豚肉を使うが、新庄市や最上町がある内陸部は醤油味で牛肉を使用。きのこが2種類入るなど具だくさんだ。

すべて現地から持参した具材は、里芋500kg、牛肉130kg、板こんにゃく800枚など大量で、ネギを切るのも約10人がかりで3時間ほどかかったという。

4000食分の具材を準備したが、天気が災いし、実際には3000食ほどが提供された。山車に負けない力作のいも煮は、雨で冷えた参加者の体を温めてくれた。

1 1つの鍋で200食を目安に煮込んだという。2 マイタケ、シメジ、ゴボウ、ネギも入って栄養もたっぷり。

COLUMN 2

## 新庄まつりを支えた男たちの意気込み

木村 満さん
新庄山車連盟会長

**祭り継承のためにも巣鴨でのPR効果に期待したい**

新庄市も少子高齢化が進んでいます。山車をつくったり曳いたりする人がいなければ祭りはできません。今回の祭りを見た東京に暮らす新庄市出身者の中には、「ふるさとに帰ろうかな」と思ってくれる人がいるかもしれません。新庄まつりを継承するためにも、巣鴨での効果に期待しています。

長倉 薫さん
新庄市商工観光課主査

**今回をきっかけに町同士真の交流が生まれるのが願い**

祭りの準備のため巣鴨を7回も訪れ、巣鴨の皆さんとすっかり親しくなりました。今回の祭りだけで終わるのではなく、巣鴨の皆さんにはぜひ来年、新庄まつりを見に来ていただいたり、新庄市民が巣鴨の商店街にお邪魔したりと、地方と都市の真の交流が生まれればいいなと願っています。

長島 眞さん
巣鴨駅前
商店街振興組合理事長

**巣鴨に大勢の人が来てくれたことに感動**

毎月、さまざまな会議などの場で相談しながら、ようやくこの日を迎えることができました。初めて本物の山車を見て、写真でイメージしていたよりも、はるかに素晴らしいものだとわかりました。私も行進に加わったのですが、大勢の人が、ここ巣鴨に祭りを見にきてくれたことに大変感動しました。

根本大我さん
大正大学
地域創生学部2年生

**新庄市の人とつながったかけがえのない思い出**

祭りを無事に終えることができて感無量です。新庄市でお世話になった若連の人たちと、新庄と巣鴨で場所は離れていても、祭りに向けて心が通じあっている感覚がありました。「よくやってくれたな」と声を掛けてもらうなど、人と人とのつながりが忘れられない思い出になりました。

台風の接近などアクシデントもあったが、どの班のフェアも賑わいを見せた。

**都市と地域を結ぶ学びの実践**

# 7つの地域の魅力を学生の力で発信!

大正大学地域創生学部の2年生による、「地方と都市の共生」をテーマとした地域の魅力発信イベントが行われた。

文・構成●丸山貴未子　撮影●地域創生学部

9月末から10月の毎週末、大正大学で『地域フェアinすがも』が開催された。「地方と都市の共生」をテーマに、同大地域創生学部の2年生たちが、1年次に地域実習で訪れた地域をさまざまな手法で紹介した。後日、その成果報告が行われた。

## 課題は残りつつも、全力で挑んだ地域フェア

9月30日、10月1日に行われたのは「あなんフェス」と「荻ノ島フェス」。

「あなんフェス」は徳島県阿南市の豊かな食を通じて同市を知ってもらおうと、全国9割のシェアを占めるすだちをはじめ、シイタケ、竹ちくわといった地域の特産品、地域実習で学生が「一番おいしい」と感じた地元パン屋の「銀シャリ食パン」などを販売。フェアには1860人が訪れ盛況だったが、「要冷蔵の竹ちくわは持ち帰りに向かず売れ残ってしまった。仕入れる商品の見直しが必要」と課題が上げられた。

荻ノ島は新潟県柏崎市高柳町にある環状集落。「荻ノ島フェス」では柏崎に本社を置く製菓会社ブルボンの協力を得た商品を販売。風景画や伝統工芸の和紙など展示も充実させた。広報には地元組織「柏崎ファンクラブ」を活用。アンケートでは来場者1365人のうち8割が「荻ノ島に行ってみたい」と回答。「来年の実習では学生主体のツアーを行いたい」と目標を語った。

10月7、8日は「長井美水フェア」と「水感祭」(延岡市)という、水をテーマにしたフェア。

「長井美水フェア」では水に恵まれた山形県長井市の地域性がわかる展示のほか、地域資源を循環させるレインボープランで作

られた野菜の販売、地酒の試飲を実施。地酒は好評を得たが「事前の広報や商品知識に不足があった」と課題が残った。

宮崎県延岡市も五ヶ瀬川が水質日本一となった水のきれいな町だ。フェアではその水のよさから生まれた「鮎やな餅」、「月の塩」など銘菓を販売。学生が考案した延岡発祥のチキン南蛮を使った「延岡ハッピーバーガー」は人気を見せたが、「販売個数が少なかった」と反省点を述べた。

10月14、15日は両日雨天だったが、「佐渡縁日」と「もがみ輝工房」が行われた。「佐渡縁日」は新潟県佐渡島の特産「佐渡牛乳」を贅沢に使ったベビーカステラや金山をイメージした大判・小判チョコの販売、名産の竹を使った工作ワークショップ、射的、玉投げも開催。広報にSNSを活用し、「来場者400人のうち40〜50人がフェイスブックを見て来てくれた」と、事前告知の成果が報告された。

「もがみ輝工房」は、森林が80%を占める山形県最上町の木材について知ってもらうことが目標。木製のマグネットやしおりを販売し、木製のフォトフレームを作るワークショップも行ったが、商品が高額なため原価割れでの販売となり、赤字イベントとなったことが反省された。一方「もがみ町を体感するVR体験は待つ人が出るほどの人気」で「東京と最上町をつなぐきっかけになったのでは」と結んだ。

最後に、台風が接近する10月21、22日に行われた「南三陸福勝市場」の成果が報告された。震災という過去ではなく、明るい未来へ向かう宮城県南三陸町を伝えようと展示に力を入れたという。イベント限定の「タコかつバーガー」や「ねぎらいせんべい」を販売。「目玉商品としてワカメの詰め放題を企画していたが、衛生上の観点から断念」した経緯も紹介された。

報告会の最後には、代表の学生が地域実習でお世話になった人や講師たちに感謝の言葉を述べ、聴講していた一年生たちに「自分たちの反省をふまえ、来年頑張ってほしい」とエールを送った。地域創生学部のこれからの活躍に期待したい。

## 地域フェアinすがも 3つの見どころ

### 食
**学生のアイデアが光る地域食材を使ったメニュー**

手軽に食べられる「タコかつバーガー」(左)や、芳ばしい香りの焼き竹ちくわと焼きシイタケなど販売。

### 展示
**地域の風土や伝統を来場者に伝える**

地域の風土や名産品、産業などがわかる展示物を各班で制作。来場者に熱心に地域の良さをアピールした。

### 物産
**学生が選び、仕入れた地元の特産品を販売**

どの商品なら地域性がよく伝わるのか、学生が吟味し選んだ特産品を販売。都内では手に入りにくい商品も!

## フェアまでの流れ

**1年次**

**8週間の地域実習**

**2年次・東京実習**

**都市と地域を結ぶための学び**

専門講師を招いた授業で地域プロモーションやブランディング、イベントのリスクマネジメントなどを学ぶ。また、巣鴨地蔵通り商店街の14店舗で、5日間にわたるインターンシップや、都内の商店街、アンテナショップなどの視察も行い、巣鴨の活性化や地域創生の在り方を具体的に考えられる視点を養う。

**フェアに向けての準備**

1年次に地域実習をした地域への出張で、販売商品の仕入れ先企業選定や商品の確保、仕入れ時のコスト削減交渉などを行う。また、事前にSNSを用いた広報やチラシの制作・配布などにより地域フェアの開催を宣伝。

**9月30日〜10月22日までの各土日 地域フェアinすがも**

**10月28日、29日 新庄まつりinすがも**
(P74〜参照)

**東京実習成果報告会**

1 学生がセレクトした地域の特産品はよく売れた。 2 地域フェアは大正大学3号館と、キャンパス内の鴨台花壇カフェで開催。

河合雅司の地域興論 第28回

# AIが地方消滅を加速させる!?

# 若い頃からの“学び直し”が重要

産経新聞社論説委員、大正大学客員教授
**河合雅司**

地方創生で最も力を入れるべきは、安定的な収入確保を見込め、やりがいを持って働くことができる仕事を増やしていくことだ。

若者のUターンや中高年の移住受け入れを促進しようにも、地域に魅力的な仕事がなければ話は進まない。

だが、勤労世代が少なくなった地方では魅力的な職場をつくる前に、現在の仕事を回していくための労働力を確保しなければならないというのが本音だろう。

少子化で新たな人材獲得が困難となれば、機械化で省力化を進めることとなる。そこで期待を集めるのがAI（人工知能）に代表されるハイテク技術である。

技術開発は日進月歩だ。AIなどの技術は国民の暮らしを便利にするだけでなく、働き方を変え、社会に大きな影響を及ぼす。

一方で、AIは「多くの人の仕事を奪う」と予測もされている。「２０４５年頃には9割の人が失業する」といった展望を示す専門家までいる。現在の人手不足を解消しようとした結果、地域の雇用全体を縮小させてしまうことになったのでは、いよいよ“地方消滅”は加速しよう。

ただ、厚生労働省の２０１７年版「労働経済の分析（労働経済白書）」には、労働力人口が２２５万人減るのに対し、AIの進展による就業者の減少は１６１万人にとどまり、64万人の労働力が不足するとの推計が紹介されている。

さすがに「9割」は大げさということであろう。とはいえ、産業や職種によってはかなりの影響を受ける。白書は製造業が１５９万７０００人、農林水産業は70万３０００人、卸売、小売業は43万人減る一方、サービス業は約１５７万７０００人増えると予測する。

工場のラインにおける定型的な仕事や単純な事務といったパターン化しやすい業務はこれまで以上に減るということであろう。

これには地方にとっては深刻である。地方にはパターン化しやすい仕事が少なくないからだ。労働世代の少ない地方ほど、AIではできない仕事をする人材の育成を進めなければならない。同時に、人でなければできない仕事を創出していくことが急がれる。

AIではできない仕事とは、営業や対人サービスのような人情の機微が欠かせない仕事や、熟練した技能を必要とする仕事のことだ。人間的なコミュニケーション能力といえよう。AIは何が「面白い」とか「風流だ」とかを規定することはできない。流行やブームを創り出すのは人間である。加えて、AIを使いこなす専門性の高い技能が重要となる。AIを正しく理解するための基礎知識を習得し、新たなシステムやツールを使いこなす能力を身につけることだ。

こうした能力を磨くには、社会人の学び直しの機会が重要になる。さらに、AIに仕事を奪われる人たちが新たな成長分野の仕事にシフトしていくためのトレーニングである。

“学び直し”を必要とする人々がその機会を逸しないよう、政府や地方自治体には金銭的な支援が、経営者には時間の確保といったサポートが求められる。

そもそも、社会人の“学び直し”はAIに仕事を奪われるかどうかに関わらず、どの職種にとっても重要だ。「人生１００年」時代となった今、老後生活を豊かに生きるためには、老後の収入を安定させなければならない。

公的年金だけでは、老後生活のすべてを賄いきれない。少しでも長く働かなければならない時代に入ってきたということだ。

働く以上は高齢になっても、自分の得意分野で活躍したい。やりがいのある仕事に就くには、若いうちから自分のキャリアに磨きをかける努力が欠かせない。

人口減少社会において「有用な人材」を日本全体としてどう確保していくのかといった視点も、今後は重要になってくる。

*Masashi Kawai*

1963年生まれ。中央大学卒業後、産経新聞社入社。専門は社会保障および人口政策。拓殖大学客員教授、内閣官房、厚生労働省、農林水産省の有識者会議委員などを歴任。ファイザー医学記事賞の大賞受賞。産経新聞にコラム「少子高齢時代」を連載中。主な著書に『日本の少子化　百年の迷走』（新潮社）、『未来の年表』（講談社現代新書）など。

# コアコア新聞

コんなヒトにワクワク
アんなコトにドキドキ
コんなモノにソワソワ
アんなトコにゾロゾロ

## パンカ　（食）盛岡製パン　千葉県市川市／東京都狛江市

# 1日1000個を完売する「コッペパン」専門店が登場

**太平洋戦争のさなか、配給制の時代に考案されたというコッペパン。現在は、岩手県盛岡市のソウルフードとなっている。そんなコッペパンに東北支援の思いを込め、行列必至の大人気商品に仕立て上げた人物がいる。**

今年4月、千葉県市川市の東京メトロ行徳駅から延びる大通り沿いに、突如長い行列が出現した。その先にあるのはオープンしたばかりのコッペパン専門店、「（食）盛岡製パン」。さらに今年9月には2号店が東京都狛江市の小田急線狛江駅前にオープンし、話題を呼んだ。

代表取締役の大舘誠氏。

両店の商品は岩手産の食材で調理した具材をコッペパンで挟むスタイル。メニューは約30種類あるが、とくに人気なのは「盛岡じゃじゃ麺」（360円）、「北海道産あんと削りバター」（210円）、「前沢牛コロッケ」（460円）、「薪窯炊き『のだ塩』ミルククリーム」（190円）など。のだ塩は岩手県野田村の特産品で、海水100％を使用して昔ながらの製法で作られたものだ。これらを含め、トータルで1日約1000個のコッペパンを完売する。

運営するのは和洋の外食事業展開及び経営指導を行う有限会社かんながら（埼玉県所沢市）。代表取締役の大舘誠氏は言う。

「弊社はショッピングモール内の飲食店を中心に事業を展開していましたが、別の業態にもチャレンジしようということになったんです。同時に、東日本大震災が起きた直後だったので、東北を応援したいという思いもありまして。そこで浮上したのが盛岡のソウルフードであるコッペパンの専門店でした」

盛岡では市内に本社を置く福田パンが、約40年前に独自のコッペパンを開発。以来、当地のソウルフードとして定着した。

大舘氏自身もイオン盛岡店への出店時に半年ほど盛岡に住んだことがあり、コッペパン文化についてはよく知っていた。さらに子どもの頃から「いつか、パン屋をやりたい」という夢もあった。

「これまで自分が手掛けてきた飲食店の客単価は1000円以上。でも、一方で100円からいろいろ選べて、ささやかな楽しみを買えるグルメもいいなあと思っていたんです」

とはいえ、パン屋経営に関するノウハウはない。そんな折に出会ったのがベーカリープロデューサーの岸本拓也氏だった。彼の協力を仰ぎ、晴れてコッペパン専門店「（食）盛岡製パン」が誕生する。

狛江店の行列。オープン前から並ぶ客もいる。

「ベースとなるコッペパンは半年間かけて開発しました。パン生地には岩手産の小麦『ゆきちから』を配合して、しっとりかつもっちりとした食感を実現。コッペパンは店内で焼き上げオーダー後にサンド。常に焼き立てを提供しています」

具材はすべてオリジナルで開発。中には、糖度15度以上の甘みを持つ「南部一郎かぼちゃ」や岩手県特産でキウイフルーツに似た「さるなし」を使用するなど、珍しいものも多い。

「現在のオーブン設備では1日に1000個焼くのが限界。作りためはしないので、なくなったら終了です。19時の閉店時まで残っていることはほとんどありませんね」

また、地域に愛されるパン屋としては狛江店限定で「お子様ランチ」サンド（460円）もメニューに加えた。これを購入するとミニ玩具が付いてくるため、子どもに大人気だという。

コッペパンを通じて盛岡の味が広がっている。

（石原たきび）

1「北海道産あんと削りバター」は客の目の前でバターを削るパフォーマンスも人気。2 わんこそば、冷麺と並んで「盛岡三大麺」の一つと言われる「じゃじゃ麺」をコッペパンでサンド。3 ナポリタン、タコさんウィンナーなど子どもが喜ぶ具材が詰まった「お子様ランチ」。

取材協力・写真提供＝有限会社かんながら

いきもの力

猫島の別名をもつ相島

福岡県糟屋郡新宮町

# 島民300人、猫150匹の猫島からのラブコール

**日本国内には人口に比して猫の数が多い「猫島」と呼ばれる島が数多くある。誰が言い出したのか、猫島を訪ねる「ネコツーリズム」なる言葉も存在し、猫は観光資源の一つとなっているようだ。そんな中、ちょっと目線を変えた動画で、数ある猫島との差別化に成功しているのが福岡県の相島（あいのしま）だ。**

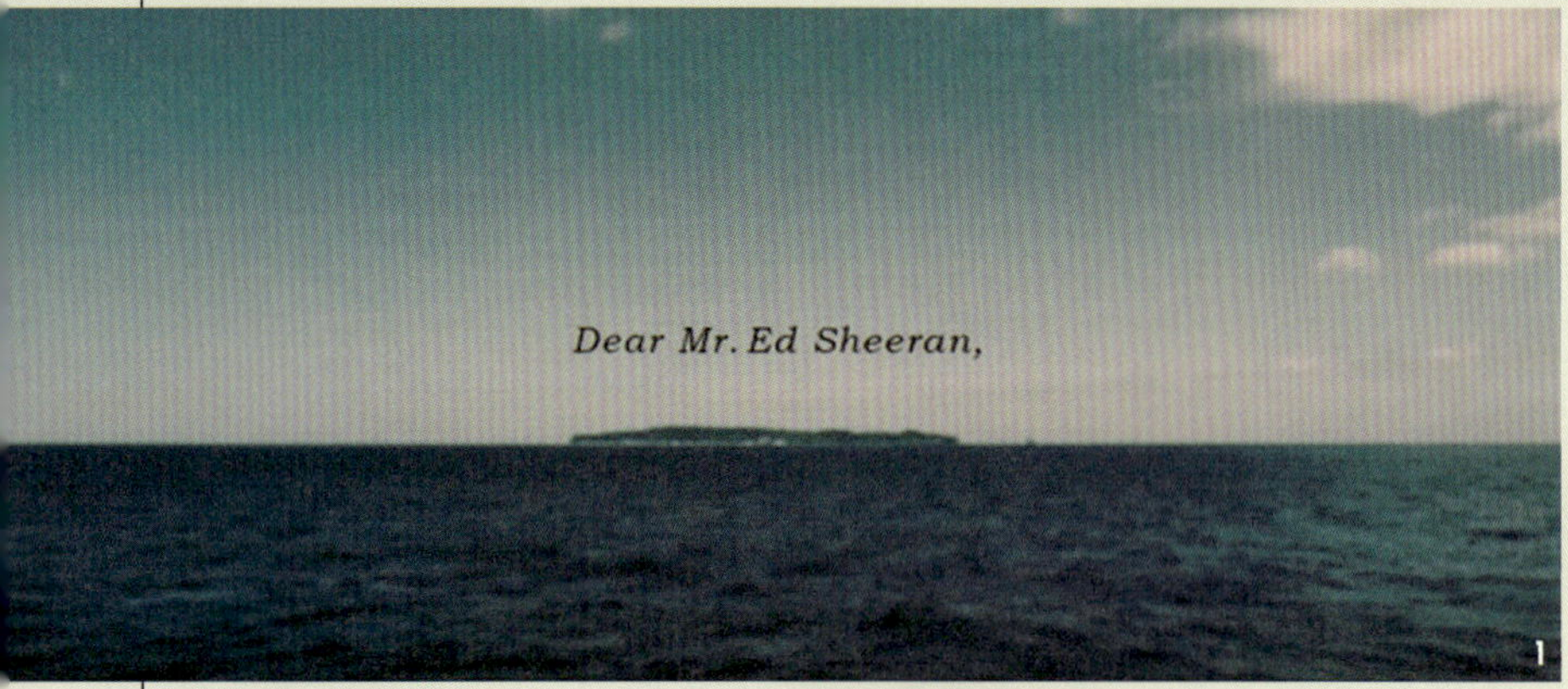

1,2,3 8月末にYouTubeで公開された動画は10月末の時点で11万回再生された。島に猫が多いのは、主産業が漁業であることに加え、島民の優しい人柄によるものだろう。なお、衛生環境を保つため、観光客によるむやみな餌やりは禁止されている。

「拝啓エド・シーラン様」で始まる動画が話題となっている。約5分間にわたって映し出されているのは、島の豊かな自然と、のびのびと暮らす野生の猫たちの姿。終盤25秒間に「私たちの島まで遊びに来てください。150匹を超える猫が、あなたを待っていますよ」と英文のメッセージが流れる。これは、福岡県新宮町が作成した、世界的人気のシンガーソングライター、エド・シーランに向けたビデオレター風のPR動画だ。背景に流れているのはエド・シーランの大ヒット曲「シェイプ・オブ・ユー」。

「大の猫好きで知られるエド・シーランを、猫島とも呼ばれる相島に呼んだらきっと喜んでくれるに違いない！ 世界に向けて相島をPRするチャンスにもなるはず！ との思いから制作が実現しました」と話してくれたのは、同町役場政策経営課の敷田早紀さん。もちろん、自身もエド・シーランのファンだ。

昨今、さまざまな自治体によるPR動画の制作が流行している。ありきたりな作品ではその他大勢の中に埋もれてしまう。「注目を集めるにはインパクトが必要で、公式のものであればさらに発信力が強くなると考えました。楽曲の使用はワーナーミュージック・ジャパンに許可を得ています。人口300人にも満たない小さな島で作られた動画を世界的アーティストのもとに届け、いつか遊びに来てもらう、という夢のあるストーリーに、作る方も見る方もワクワクする。そんな展開になればと思いました」

その願いは叶い、8月の公開直後から、国内のインターネット、新聞、テレビ、ラジオなどで話題となり、海外メディアでも紹介された。

さらに、9月27日には、ワーナーミュージック・ジャパンがFacebookにアップしていたこの動画に対して、なんとエド・シーラン本人から以下のコメントが寄せられたのだ。

「Thanks Ainoshima, would love to visit one day（ありがとう相島。いつか訪れたいな）」

「その後YouTubeでは海外からの視聴が増加し、中には過去に相島に来たことがある方のコメントも見受けられ、驚きました」

動画は、今後も新宮町や相島のPRのために、さまざまなシーンで活用していく予定だ。また、今回の企画などを機に、相島の存在が全国的に知られるようになってきた。今後は観光案内所やお土産売り場等をさらに充実させ、観光客の増加が島の振興につながるような仕組みを島全体で進めていくとのこと。

観光客が増加する一方で、人口減少の問題もある。相島の高齢化率は60%を超え、地域活力の低下やコミュニティの担い手不足などが懸念されている。こうした状況を受け、今年6月には島民が主体の「相島活性化協議会」が発足した。「食・販売拠点プロジェクト」「漁村・交流拠点プロジェクト」「島の美化プロジェクト」の3つを中心に、漁業の振興や移住定住の促進など、さまざまな取り組みを検討しているという。

『万葉集』や『続古今和歌集』にも歌われたという相島。歴史と文化、猫と自然、魚も美味しい相島を、いつか訪ねたい。

（村井清美）

4 玄界灘に浮かぶ相島は新宮漁港から町営渡船で17分。面積わずか1.22㎢の小さな島だ。5 今年新たにオープンした島カフェ。6 島で唯一の食堂である丸山食堂のちゃんぽん。7 島の特産品である「ぽた」という魚のすり身を使ったかまぼこ。

取材協力・写真提供＝新宮町

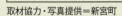

カカオカ

## 東京カカオプロジェクト

平塚製菓（埼玉県草加市）×東京都・小笠原諸島母島

# MADE IN TOKYOのチョコレートを作る！

**安心で安全な東京産のカカオ豆を栽培し、世界一美味しいチョコレートを作るという夢のあるストーリーを紡ぎ出す〝東京カカオプロジェクト〟。小笠原諸島の母島で、日本での生育は難しいとされるカカオ栽培に挑戦中だ。**

試作品のチョコレートは、優しくフルーティな味わいに仕上がった。

カカオの木になる実はカカオポッドと呼ばれる。実のなかにある種が、カカオ豆となる。輸入品は、輸送時の劣化を防ぐために使われる薬品が問題になることもあるが、小笠原諸島から船で運ばれるカカオは安心安全だ。

チョコレートの原料であるカカオは、西アフリカ、中南米、東南アジアなど、赤道を挟んだ南北緯20度以内の〝カカオベルト〟と呼ばれる地域で栽培されている。熱帯植物であるため、これまで日本に本格的なカカオ農園はなかった。しかし、あえて東京産のカカオを栽培し、東京ブランドのチョコレートを作ろうとしているのが、国内チョコレートのOEMメーカー平塚製菓の平塚正幸社長だ。

「チョコレート製造を事業にしながら、私が実際にカカオの木を目にしたのは2003年（平成15）にガーナ視察をしたときが初めてでした。私たちのビジネスは、こんなに面白い形をした果実から成り立っているのかと感動したんです」と平塚さん。

日本でカカオの木を育てたい、そんな思いからプロジェクトはスタートした。栽培地として思い浮かんだのは、沖縄県の石垣島や西表島だったが、地図を広げて、横に線を引くと、ほぼ同じ緯度の北緯26度線に、東京・小笠原諸島があることに気づいた。

「私は東京の下町で生まれ育った人間なので、せっかくなら東京ブランドのチョコレートを作りたいと、決意しました」

小笠原諸島は、東京湾から約1000km南に位置しており、東京都港区の竹芝桟橋と父島を結ぶ定期船「おがさわら丸」が唯一の交通手段だ。所要時間は24時間で、通常は週1便しか出航せず、農地となる母島へは、船でさらに2時間掛かる。

「行って帰ってくるのに、6日は掛かりますから〝遠いなぁ〟というのが第一印象。一方で、島には品川ナンバーの車が走り、ここは東京都なのだと実感しました」

地元の農家の協力を仰ぎ、2010年にインドネシアから取り寄せた苗木を植えた。しかし、芽が出て数カ月ですべて枯れてしまう。「やはり無理なのか」と諦めかけたときに出会ったのが、折田農園の折田一夫さんだった。折田さんは、母島での無農薬マンゴー栽培に初めて成功した農業技術の高い人物で、平塚さんの試みに興味を示してくれた。

「2度は失敗できないと思いましたが、研究熱心な折田さんの姿勢に感銘を受け、再挑戦を決意しました」と平塚さんは語る。

問題は多発する台風の影響だった。木が倒れるリスクだけでなく、海水を巻き上げた塩分を含んだ雨が樹木にかかり、塩害を起こす。それを防ぐために、風速60mの台風に耐えられるハウスを建てることになった。

「母島の住人は400人ほど。工事を依頼しようにも業者がありません。当社で中古のダンプカーやブルドーザーを購入し、船で折田さんの元へ届け、ゼロからハウスを作りました」

2011年8月にハウス第1号棟が完成。カカオの木に実がついたのは、2013年のことだ。

「収穫したカカオの実を、折田さん自ら会社まで届けてくれました。私が日本でカカオの栽培をしたいと思い立ってから10年。やっと一つ形になった瞬間でした」

少しずつ規模を広げ、2015年までに7棟のハウスが建ち、約500本の植樹が完了。しかし、それで万事成功といかないのが農業の難しいところ。

「今も苦難の連続です。計算通りであれば、1年間で1200〜1500kgのカカオ豆が収穫でき、3万〜4万枚の板チョコレートを作れる予定ですが、実際には収穫にバラつきがあり、まったく実がつかない木もあります。土づくりに手を掛け、収穫高を上げるために試行錯誤している最中です。将来的にはカカオが小笠原の特産物になれば、うれしいですね」

まずは2019年秋の発売を目指し、平塚さんの挑戦は続く。

（梶野佐智子）

1 カカオの栽培ハウス。資金を捻出しながら、1棟1棟増やしていった。2 東京産のカカオ栽培に夢を託す平塚正幸さん（右）と折田一夫さん。

取材協力・写真提供＝平塚製菓株式会社

両親から引き継いだ八百屋をミカン専門店として発展させた店主の坪茶実千代さん。自分で納得したミカンしか仕入れない。

**果実力**

# 好みのミカンをお見立てしてくれるミカン専門店

**つぼちゃ** 和歌山県新宮市

**美味しいミカンを買うのは、簡単そうで意外に難しい。そんな悩みを解決してくれる、地元で「ミカンバカ」と愛されるミカン専門店がある。店頭には、数軒のこだわり農家さんから直接仕入れた、甘くて美味しい旬のミカンが勢ぞろい！**

国内有数の果樹王国和歌山県。ミカンの生産量は全国1位を誇る。そんなミカンの味にうるさい地元の人がおすすめするミカン専門店「つぼちゃ」へとやってきた。

世界遺産に登録されている熊野速玉大社から車で約5分、国道42号線沿いにあるその店の店頭には、ミカンが所狭しと並べられている。

「うちの店が扱うミカンは、私が食べて美味しかったミカン農家さんに限定しています」

と、ほがらかに話すのは2代目店主の坪茶実千代（つぼちゃみちよ）さん。

まず、ひっきりなしに来店するお客さんの数の多さに驚く。坪茶さんが、お客さん一人ひとりのリクエストと予算を聞き、いま求めている「ミカン」を手際よく選び出し試食させる。納得したらお買い上げ。リクエストに応えられるものがなければ「ない」と正直に答え、その理由も教えてくれる。

筆者も「甘さの中にもほんのり酸味が感じられるミカンを1000円分ください」とお願いしてみた。すると、目移りするほど沢山のミカンから瞬時にチョイスしてくれた早生温州（わせうんしゅう）みかんは、私のイメージにドンピシャ。大きなビニール袋に半分ほど入れてくれた。試食もできてこんなにたくさん！　自然とお客さんの輪が県外にまで広がり、着々とファンを増やしている。自分で食べても良し、大切な人にプレゼントしても良し。リピーター続出の理由はここにあった。

「60年ほど前に八百屋として創業しましたが、昭和60年頃から周辺に大型スーパーが林立してきて、この先、商売を続けるのは難しいのではないかと思いました。そんな時代の流れもあり、地域の特性を活かしたミカン専門店への転身を決めました。ただ創業者である両親、特に母にとってこの店は、日々お客さんとの大切な井戸端会議（コミュニケーション）の場でもありました。ミカン専門店へとシフトすることが、母の大切な居場所を奪うことになるではないかと心苦しかったですが、生き残るために心を鬼にしました」と、坪茶さんは当時のことを引き締まった表情で語る。

「大好きなミカンに、誰にも負けない強いこだわりを持つ私のことを、友人は愛情をこめて『ミカンバカ』と呼びます。また、私自身もそう思います」と大好きなミカンに囲まれて幸せそうな笑顔で話す坪茶さん。気さくな坪茶さんとの楽しい会話もこの店の魅力。常連さんとの井戸端会議は、母から娘へと引き継がれているのだ。

ちなみに、購入したミカンの一部を自宅で「自家製ミカンジェラート」にしてお風呂上りに食べた。火照った体にさっぱりしたミカンの甘味とほのかな酸味が一日の疲れを癒してくれる。ミカンジェラートは、ミカン、豆乳又は牛乳、ハチミツだけで簡単に作れる。暑い季節だけでなく、ミカンをもらいすぎて食べきれずに困っている人にもおすすめだ。

（濱口政巳）

つぼちゃで購入した温州みかんを凍らせジェラートを作った。材料と作り方は下記の通り。

【材料】
・ミカン（皮をむいて約250g）3〜4個
・豆乳か牛乳50cc
・ハチミツ（甘さ調整用）大さじ2〜3杯

【手順】
①温州みかんの皮をむきます。実を横半分に切ります。
②1つずつラップで包みます。それをフリーザーバッグのような袋に入れて、冷凍庫で凍らせます。
③凍ったミカンをフードプロセッサーに入れ、豆乳を加えます。
④滑らかになるまで攪拌します。
⑤ボウルに移し、ヘラでしっかり混ぜ合わせて味が整ったら完成!
（味見をし、好みに応じてハチミツを少しずつ加えます）

1 国道42号線沿いにあるミカン専門店つぼちゃ。店で扱うのは見事にミカンとその加工品だけ。2 ミカンジュース、ミカンアイス、みかん七味など、ミカン関係の飲料や食品もいくつかそろえている。

取材協力＝つぼちゃ

鯉力 鯉に恋する郡山プロジェクト 福島県郡山市

# 鯉に恋する人増加中！郡山で味わう新たな鯉料理

**2015年に郡山市で始まった鯉食普及事業「鯉に恋する郡山プロジェクト」。今年行われた2度のキャンペーンも大好評。郡山ブランド野菜など地元食材とのコラボで、これまでにない鯉料理が誕生し、地域の活性化にも一役買いそうだ。**

鯉を食べたことがない、美味しそうなイメージが湧かないという人は、福島県郡山市を訪ねることをおすすめする。彼（か）の地では「これが鯉なの!?」と、その味に驚く人が増加中だからだ。しかも、あらいや鯉こくといった伝統的な料理ではなく、カルパッチョ、アヒージョ、天ぷらなどなど、これまでにない鯉料理を堪能できる。

郡山と鯉の関係は、明治期の巨大公共事業「安積（あさか）開拓・安積疏水開削」に端を発する。遠く奥羽山脈を越えて猪苗代湖（いなわしろこ）の水が市内に引かれるようになったことで、鯉の養殖と食文化が根づいた。現在、郡山市の鯉生産量は市町村別で全国1位だが、多くは他県へ出荷され、地元での消費量は2割弱、鯉食の機会も減少している。

そこで、2015年（平成27）、食文化として鯉を再び定着させようと、市は県南鯉養殖漁業協同組合と共に「鯉に恋する郡山プロジェクト」を始動した。生産から商品開発、販売までを網羅する6次産業化と、東日本大震災でダメージを受けた生産者を活気づけるのが狙いだ。キリンビール株式会社が助成金を出すなど、企業からの支援も行われ、市役所には、農林部園芸畜産振興課に「鯉係」なる部署まで新設された。

「郡山の鯉はみずみずしい桜色の美しい身で、脂ののりや食感も申し分ありません。まずはお刺身で召し上がっていただきたいです」

と語るのは、同課鯉係長の若穂囲豊さんだ。プロジェクトには、生産者、料理人、飲食業者、学生など、多くの協力者が関わり、新しいメニューの開発などが行われてきた。それが実を結び、今年2月には、市内14の飲食店で、新たな鯉料理のキャンペーン「郡山の名店で鯉を食べよう」が実施された。8月のキャンペーン第2弾では、参加店舗が28店に倍増。和洋中のオリジナル料理が好評を博し、鯉に恋する人が増加することとなった。

「積極的にチャレンジしてくれる料理人の方が多く、新鮮な地元食材と鯉を組み合わせたオリジナルメニューがいろいろ生まれました」

と、若穂囲さんは喜びと感謝を口にする。キャンペーン後もおすすめメニューとして鯉料理を提供する店舗も増え、プロジェクトの一環として発行されているタブロイド紙『KOI KOI MAGAZINE』にガイドが掲載されている。

今後は、観光客向けだけでなく、市民が他県への手土産にできるような自慢の逸品を生み出したいと意欲的だ。宇都宮の餃子や仙台の牛タンのように「郡山といえば鯉」と言われるレベルに発展させたいともいう。

「鯉と一緒に郡山のお米や野菜、お肉、お酒も楽しんでいただくことで、地域が活性化することを期待しています」と、若穂囲さん。新たなステージへと進化を遂げた鯉料理と郡山市の取り組みに今後も注目したい。

（鈴木正幸）

1 新設された「鯉係」の鯉係長の若穂囲豊さん。タブロイド紙『KOI KOI MAGAZINE』の創刊の際のポスターをバックに。2 小学校の食育の授業で鯉食をレクチャーする職員。

ハンガリー料理の鯉のフライをヒントにした安積開拓丼（800円）

3 鯉の串揚げタルタルソースは子どもにも人気のメニューとなった。鯉の白身がよくタルタルソースと合うと好評だ。4 2015年から発行しているタブロイド紙『KOI KOI MAGAZINE』の評判は上々。

取材協力・写真提供＝福島県郡山市役所

植木力

塩津植物研究所

奈良県橿原市

# 植物のお医者さんとして、植物に寄り添っていたい

昨年10月、東京から奈良へと移住した塩津植物研究所を営む塩津夫妻。ここでは種木の育成や培養に力を入れる一方、育成相談や治療も積極的に行っている。草木を生かした空間づくりや造園など、人と植物のよりよい暮らしを研究する日々だ。

1 塩津夫妻が講師をつとめる盆栽教室には女性を中心に受講希望者が大勢。子どもにも土に触れ合う機会を作りたいと、親子で参加する人も多い。2 塩津丈洋さんと久実子さん夫妻。塩津植物研究所の名で、『身近に植物のある暮らし』（自由国民社）という本を出しているお二人。

3 元気のない植物の相談にも応じる塩津植物研究所。
4 300坪という敷地は東京では得られない広さだった。

奈良県橿原（かしはら）市にあるおよそ300坪の敷地には、200種類、3000以上の苗が並ぶ。塩津丈洋さん、久実子さん夫婦によって今年5月にオープンした「塩津植物研究所」では、「植物の魅力を多くの人に伝える」というコンセプトのもと、植物にまつわるさまざまな活動が行われている。

「人間はもちろん、犬や猫が病気になれば病院に連れていくことができるけれど、植物の場合はどこに持っていけばいいのだろう。巷では多くの植物が売られているけれども、治療してくれる場所がない。ならば自分でやろうと思ったのが、この仕事を始めたきっかけです」

もともと植物が好きだった丈洋さんは、名古屋芸術大学を卒業後に都内の盆栽職人のもとで修行を始めた。2010年（平成22）には「塩津植物研究所」を、東京都世田谷区に設立。盆栽教室を開きつつ、都内各所でワークショップを開催し、調子の良くない植物の治療や引き取りなどを行いながら、造園などにも携わってきた。

「野生の植物とは違い、人の手によって育てられた植物は、自分の力だけでは生きていくことはできません。鉢に植えられた小さなケヤキの木も、庭に生えている大きなモミジの木も、人が植えたその時から、その後もずっと、人が手を掛けてあげることが必要なのです。植物の治療、引き取り、造園はその一環で、命ある植物を最後まで育て付き合っていくことが、人間の責任だと僕は考えています」

そんな丈洋さんが、現在の橿原市に夫婦で移住してきたのは昨年の10月。盆栽教室や植物の治療など、これまでの活動を引き続き行いながら、敷地を生かした種木の生産や培養などにも積極的に取り組んでいる。

「東京での仕事はスピードや勢いがあり、毎月異なる場所で教室を開催し、多くの方に植物の魅力を伝えることができるという点で恵まれた環境でした。仕事は順調に進んでいましたし、路面店を開く自信もありましたが、植物と一緒にいればいるほど『もっと根本から付き合いたい』という念が強くなりました」

そのためには、より広い土地が必要だった塩津さん。和歌山県出身だった丈洋さんと奈良県出身だった久実子さんにとって、東京から奈良への転居は「移住というより帰郷」という感覚のほうが強かったそうだ。塩津研究所で作られた盆栽は、期間限定で都内各所のセレクトショップなどで展示、販売されることもあり、植物に関する相談も全国から寄せられている。そのため、塩津さんも各地へレクチャーに赴く機会が増している。

「『盆栽は宇宙』という言葉があるように、鉢の中に大自然の景色と時間を凝縮し表現することができる盆栽は、小さな宇宙と言えるでしょう。手のひらに乗る最も身近な自然であることが、盆栽の魅力の一つです」

愛情を掛けて手入れをすれば、何十年と生き続ける盆栽。私たちに自然の美しさや四季の移り変わりを感じさせてくれる良きパートナーにもなる。植物にとって「塩津植物研究所」は、心強い〝かかりつけのお医者さん〟と言えるだろう。

（黒田隆憲）

取材協力・写真提供＝塩津植物研究所

ゲストハウス力 第5回 前田有佳利（ゲストハウスを旅する編集者）

# 日本で最初に誕生した!? 秘境の古民家ゲストハウス

**徳島県にある日本三大秘境の一つ、祖谷渓。かつての平家の隠れ里として知られ、「とくしま88景」にも選ばれるこの地にゲストハウスが存在する。大自然とマクロビオティック料理で、心も体も癒してくれる宿だ。**

縁側は人気の特等席。目の前に渓谷が広がる。

古民家カフェや古民家アトリエなど、最近「古民家〇〇」という言葉をよく聞くようになった。化石のような中古物件こそ魅力と捉え活用しようとする風潮が強まりつつあるためだ。今回は、日本の古民家ゲストハウスの第1号ともいえる宿を紹介したい。日本三大秘境の一つと謳われる徳島県の祖谷渓（いやだに）の近くにある「自然菜食と田舎暮らしの古民家宿 空音遊（くうねるあそぶ）」だ。

最寄り駅である「大歩危（おおぼけ）」駅に向かう線路は吉野川沿いを走るため、車窓からエメラルド色の渓谷を楽しむことができる。訪れたのは春頃だったので、山並みに桜色が混じり絵画のような景色が広がっていた。景観美に魅了されているうちに駅に到着。オーナーの保坂行徳（ほさかゆきのり）、愛称「のり」さんが車で迎えにきてくれた。同乗者はバックパックを背負った3名のヨーロッパ人。「うちの宿は約4割が海外ゲストなんです。宣伝は特にしておらず、友人に薦められたと言って来てくださる人が年々増えているんです」とのりさんは教えてくれた。

宿に行く道中みんなで温泉に寄った。空音遊の宿泊代には、あらかじめこの温泉の入浴料が含まれているため、財布はしまったままスムーズに浴室へ。贅沢にも渓谷を望む露天風呂だ。ホカホカに温まった体で、宿に向けて再出発。トンネルを抜けて細い坂道を下ると、山の中腹に築約90年の古民家が現れた。ここが空音遊だ。

のりさんは祖谷の素晴らしさに一目惚れをして移住した。手に入れた古民家の活用方法を考え、人々が集い・つながる空間をつくりたいという思いから、2004年（平成16）にゲストハウスとして運営を開始。「開業前に〝古民家 ゲストハウス〟で検索したところ該当はゼロでした。公に明記したのはうちが最初じゃないかな」と話す。

空音遊には母屋と離れがあり、寝室は襖で仕切られる。繁忙期の一人旅なら同性と相部屋になることもある。宿泊人数は最大で10名ほどなので宿泊者同士も馴染みやすい。寝床に荷物を置いて談話室に入ると、晩御飯の良い香りが待っていた。

晩御飯も朝食もゲストみんなでいただく。まるで大家族のよう。

空音遊の魅力の一つは、のりさんの奥さんが作るこの食事である。動物性食品・化学調味料・砂糖を使用しない自然菜食の創作精進料理。いわゆるマクロビオティック料理だ。地元産の食材とこだわりの調味料を厳選しており、動物性のものを食べることのできないビーガンやベジタリアンのゲストも安心して食事ができる。精進料理と聞くと質素なイメージが浮かぶかもしれないが、全然違う。肉や魚が使用されていないとは思えないほどの味とボリューム。見た目も華やかでフォトジェニック。最後には甘いデザートまで付いてくる。連泊するゲストのためにと、毎日少しずつ献立を変えているという徹底っぷり。

宿泊者みんなで談笑しながら食事を終え、ふと縁側に出てみると夜空に満天の星。夏には天の川も見えるそう。そして、朝起きて見る景色もまた格別。雲海の浮かぶ山々が一面に広がっているのだ。祖谷の大自然に囲まれた絶好の立地に空音遊が位置していることがよくわかる。

「国内外から多くのリピーターさんが来てくれて、まるで家族のような深いご縁でつながっていくことがうれしいですね。空音遊を目指してわざわざ四国の山中まで来てくれるなんて、本当にありがたいことです」

そう言ってのりさんは目を細めた。宿泊した者として常連化する気持ちに大いに賛同する。空音遊は疲れた心や体を癒してくれるデトックスの宿だった。

1 唐揚げかと思うほどジューシーな豆腐料理など。
2 談話室に備え付けの飲み水は、この土地の湧き水だ。

**前田有佳利（まえだゆかり）**

国内150軒以上のゲストハウスをめぐるローカル編集者。noiieという商号でフリーランスとして執筆・編集・企画などを担う。ゲストハウス紹介サイトFootPrints編集長。著書に『ゲストハウスガイド100』（ワニブックス）。1986年、和歌山市生まれ。京都・大阪・東京を経て10年越しのUターン。現在は、和歌山の情報発信に励んでいる。
https://www.noiie.jp/

**DATA**

**自然菜食と田舎暮らしの古民家宿 空音遊**

住所●〒778-0104 徳島県三好市西祖谷山村榎442
電話●080-6282-3612
料金●10,800円～
（1泊2食付、温泉入浴料込）
※事前連絡で無料送迎あり。

取材協力・写真提供＝自然菜食と田舎暮らしの古民家宿 空音遊

たのしい観光地　第19回

# 歴史とファンタジーが交錯するポニョの海

中丸謙一朗（コラムニスト）

**地域が持つ目に見えない「質感」は、訪れる人の五感を揺さぶり例えその場所にいなくても、風の匂いや水面のゆれを思い出させる。近年活発な町並み保存の動きは、地域の質感をどう残していくのか。**

知り合いの飛行機乗りによると、そこに何もないように感じられる大気にもしっかりとした「質感」が存在する。だから、それに乗っていくとそうそう飛行機は落ちないのだという。実体として存在する質量を数値ではなく五感で感じる、それを表した言葉が「質感」だろう。同じことは水に対しても言える。水は物質的な抵抗は比較的少ないけれど、やはりそこにもちゃんとした「質感」は存在し、わたしたち人間にあらゆる表情を見せる。

宮﨑駿監督の名作アニメ『崖の上のポニョ』を見た時に、ふと、そんなことを思った。小高い崖の上にある、主人公宗介の家の窓のすぐ下まで水が迫る。ただ画面を眺めているだけなのに、そこに水の重さや冷たさや気持ち良さまでがまるで触れたかのように感じられた。小さい頃水遊びをしながら空想した想像上の世界。なんだかそんなものに出会えたようで、妙に感動してしまったのである。

「鞆の浦（とものうら）」は『崖の上のポニョ』の舞台として知られている。広島県福山市鞆町に位置するこの街は、『万葉集』にも歌われた、小さくてかわいらしい景勝地だ。

穏やかな瀬戸内の海に沿うようにして道が優雅に伸びている。内海の所々には小島が点在し、その海のたゆたう質感に緑の彩りを添えている。このあたりは江戸時代、朝鮮通信使の航行に使われた航路で、入江の手前には朝鮮通信使をもてなした福禅寺（対潮楼）が現存し、その室内から眺めるまるで絵画のような景色に、古い時代への思いを巡らすことができる。また、古い港の中心部には、趣のある常夜灯や町屋などがあり、訪れた人をもてなす重要な観光資源となっている。

鞆の浦は、地区の特殊性ゆえ、近代化の整備は遅れた。道路幅は狭く交通は不便で、街の経済機能を損ねているという昔からの課題が残った。

1975年（昭和50）、国では、文化財保護法改正で重要伝統的建造物群保存地区（以下、重伝建）の制度が設けられた。それにともない、国と県の補助を受けた市教委が「鞆の浦」の調査を開始した。県は83年に港沖を埋め立てて、架橋する計画を策定。

だが、これに対し住民グループが景観保護の観点から反発、2007年（平成19）、県と市の埋め立て免許交付の差し止めを求めて広島地裁に提訴した。一審は風景を「国民の財産」と述べ、住民側勝訴の判決を言い渡した。その後就任した湯崎英彦知事が港沖埋め立ての計画撤回を表明。広島高裁で昨年、住民側の訴え、県側の免許申請が同時に取り下げられ、訴訟が終結した。

観光資源の保存と街の健全な機能の確保というふたつの矛盾を巡った苦悩である。近年は、交通対策として、自動車がすれ違える場所の確保や町中への流入を減らすための駐車場の整備などが始まっているが、抜本的な対策には至っていない。今年10月、文化審議会から重伝建への選定が答申された。今後、町並み保存の動きが本格化しそうである。

地方創生プロジェクト「鞆の浦まちづくりプロジェクト」は、現在、鞆の浦を「日本でもっとも癒される港町」と謳っている。もちろん、その宣伝文句に客観性はない。だが、この街の持つさまざまな「質感」がこの街に多くの物語をもたらしているのは確かなようだ。水の質感、石の質感、土の質感、潮の匂いが薫る空気の質感。かつて、水辺の石塀に乗っかってのんびりと海を眺めていたわたしには、旅を終えかなりの時間が経ったいまでも、そんな思いが残っている。

たとえば『ポニョ』。ある情報が五感を揺さぶり、実際の風景を目の前にした旅が心地よい思い出に変わるのであれば、それはある意味正しい観光だ。観光とは心の光を観ること。触れられないものに触れること。ゆったりとした気分で、その場所の質感が感じられるような旅をしたいといつも思っている。

福禅寺の対潮楼（客殿）は江戸時代を通じて朝鮮通信使の迎賓館として使用された。
住所●広島県福山市鞆町鞆2

中心部の交通の不便さに、かつてこの港の沖合に大きな道路を通す計画があった。

鞆の浦は天然の良港で「潮待ちの港」として栄えた。常夜灯は1859年（安政6）の建造である。

**中丸謙一朗**（なかまるけんいちろう）

コラムニスト。1963年生。横浜市出身。『POPEYE』『BRUTUS』『SOTOKOTO』誌でエディターを務めた後、独立。フリー編集者として、雑誌の創刊や書籍の編集に関わる。現在は、新聞、雑誌等に、昭和の風俗や日本の観光に関するコラムを寄稿している。主な著書に『ロックンロール・ダイエット』（中央公論新社、扶桑社文庫）、『車輪の上』（枻出版社）、『大物講座』（講談社）など。年末年始に向け、筋トレと日本酒のうまいおでん屋探しを強化している。日本民俗学会会員。

歌日本紀行　第11回「ラジオ体操第一」

# NHKラジオ体操が生んだ流行語

**ラジオ体操のメロディを聞くと、小学生時代を思い出すという人も多いはずだ。今でこそ日本人に馴染み深いものとなったラジオ体操の、そのルーツを探ってみたい。**

「全国のみなさん」。1928年（昭和3）、巷にこんなことばが流行った。朝のラジオ体操からの一節である。

この年、NHKラジオの全国中継網が完成した。同年秋に執り行われた「昭和天皇御大礼」の記念事業として、ラジオ体操の放送が開始された。担当アナウンサーの江木理一氏が、「全国のみなさん、おはようございます。朝のラジオ体操をご一緒にいたしましょう」と、軽快な台詞回しで放送し（毎朝午前6時）、このことばが街の流行語となった。

昭和のはじめ、日本人は諸外国の大男たちに比べ貧相だった。また、1926年（大正15）に、簡易保険と郵便年金が、時代や生活様式の変化に合わせて充実が図られていたこともあり、政府の「体位向上」のスローガンに応じるように、いまの郵便局の前身である逓信省簡易保険局が「国民保健体操」としてラジオ体操を提唱した。各地域の町内会が主催し、街なかの広場や小学校の校庭などで、さかんに「ラジオ体操の会」が行われ、ラッパ型のスピーカーから江木アナウンサーの号令が鳴り響くことになったのである。

この年の主な事件は、「共産党中央機関紙『赤旗』創刊」「最初の普通選挙、第16回総選挙実施」「高島屋が御大礼記念博覧会で和服のマネキン・ガールを使用し、人気を呼ぶ」「奉天に引き揚げ中の張作霖、関東軍の一部の謀略で列車爆破され死亡（張作霖爆殺事件）」「東京・大阪朝日新聞社、社屋側面に流動式電光ニュースを開始」「天皇、京都にて即位の大礼を挙行」「日本大衆党結成」など。

この年の映画は『丹下左膳』『陸の王者』。本は窪川（佐田）稲子『キャラメル工場から』、黒島伝治『渦巻ける鳥の群れ』、野上弥生子『真知子』。陸上競技400mで、人見絹枝が59秒0の世界新を記録。夏頃には、東京の魚河岸の移転問題が起きた。現在の豊洲移転のように、日本橋から築地への移転が大騒動。当時の東京市会に疑獄事件が発生していた。

ラジオ体操は11月10日の御大典を記念し、11月1日から全国中継で放送された。この全国ラジオ体操は、太平洋戦争で中断されるまで、毎朝電波に乗った。1930年には全国の刑務所に受信機が備えられ、受刑者もラジオ体操に参加した。

ある目的のために、みんながそろって同じことをする。このことが国威発揚や会社の士気の向上、児童の帰属意識、社会規範の植え付けなど、多くのことに転用されていった感もある。

このラジオ体操の、国民の体力向上、こどもたちの体格向上への効果はいかほどであったのか、それは定かではない。だが、少なくとも「早起きへの根性」と「夏休みの恒例行事」という共通の思い出を、多くの国民にもたらしたことはじゅうぶんに意味があった。スタンプや景品欲しさに一週間ぐらいは前のめりで通っていたことも各人それぞれの懐かしい思い出だ。

地域の「ラジオ体操会」は、諸説あるが、1930年7月21日に神田万世橋署の巡査が、こどもたちが夏休みを楽しく過ごせるようにと、千代田区神田佐久間町にある佐久間公園で「早起きラジオ体操会」を実施したことが起源と言われ、いまでも公園には、それにちなんだ記念碑が建てられている。

外国人観光客などで賑わう東京スカイツリー。そこに併設する「ソラマチ」に郵政博物館がある。そこには郵便の歴史や切手のコレクションなどのほかに、ラジオ体操についての展示がある。「お始めになりましたか　ラヂオ體操を」と描かれた制定当時のポスター。時代を超えたスーパーコンテンツ、ラジオ体操。最近、わたしは毎朝、この曲で身体を目覚めさせている。

（中丸謙一朗）

ラジオ体操の創設時のポスター（郵政博物館所蔵の複製）。

1 ラジオ体操第一（3代目）は1951年制定。作曲は服部正。2 千代田区にある佐久間公園内の「ラジオ体操会発祥の地」碑（千代田区観光協会HPより）。

**DATA**

**郵政博物館**

住所●東京都墨田区押上1-1-2
東京スカイツリータウン・ソラマチ9階
開館時間●10時～17時30分
料金●大人300円、小・中・高校生150円

連載小説

まちおこし特命社員 石打悠太

# 「馬鹿者」を命ず!

## 第二十一回 まちおこしへ一歩前進 その四

渋谷和宏

イラスト●丹下京子

**前回までのあらすじ**

宿はどこも満員で、悠太と薫子は一緒に泊まることになる。折しも雷鳴は激しさを増し、怖がる薫子を悠太が抱きしめた。大渡市長は二名島バッテリーの工場移転を阻止するため、新庄に同社の株を買い増せと命じる。

**登場人物**

**石打悠太(いしうち・ゆうた)**
25歳、主人公、商店街の再生やまちおこしプロジェクトを手がける大学発のベンチャー企業、西朱雀プロジェクトの若手社員。入社2年目で四国・伊《い》予《よ》南《なん》市に赴任する。

**大渡薫子(おおわたり・かおるこ)**
21歳、伊予南市長である大渡晴美の娘、京《きょう》大《おお》阪《さか》大学で建築を学ぶ。

**青山麻衣(あおやま・まい)**
24歳、悠太の元カノ。悠太をふっておきながら再び伊予南市にやってきて、悠太の仕事を手伝い始める。

**守屋良子(もりや・りょうこ)**
42歳、尾花市で古民家の再生プロジェクトを手掛けるNPO法人の代表。

**新庄誠人(しんじょう・まこと)**
39歳、伊予南市役所・地域振興課長。

**大渡晴美(おおわたり・はるみ)**
45歳、伊予南市長。大渡薫子の母。

**松島秀人(まつしま・ひでと)** 34歳、「パン焼き工房・まつしま」オーナーシェフ。東京で修行し故郷の伊予南市にベーカリーレストランを開く。

**喜多嶋翔(きたじま・しょう)** 25歳、西朱雀プロジェクト社員、悠太の1年先輩。

**榎太一(えのき・たいち)**
76歳、二名島バッテリーの創業者で社長。ビジネスの世界ではカリスマ創業経営者として知られる。大渡晴美は娘、薫子は孫。

バスタオル一枚の薫子が悲鳴を上げて悠太の胸に飛び込んできた。

悠太は無我夢中で薫子を抱きしめる。

薫子が力を抜いて悠太に体を委ね、バスタオルがカーペットに落ちた。

悠太の鞄の中でケータイが鳴った。

とっさに薫子を抱きしめていた腕をほどき、簡易ベッドの上に置いた鞄からケータイを出した。

麻衣からの電話だった。

「『パン焼き工房・まつしま』でのパーティー、決まったのよ!」

麻衣が弾んだ声で言った。

「え⁉」

「あたしがつくったホームページを見て、『パン焼き工房・まつしま』に来てみたいと連絡してきた人がいると言ったでしょう? その人、ぜひパーティーを開きたいと言ってくれたの。ちょっと悠太、聞いているの?」

「聞いているよ」

「その人、どんなパーティーを開くと思う?」

「なんだろう? 歓送迎会とか」

「結婚披露宴よ。伊予南市を見下ろす庭でパーティーを開きたいんだって。ロマンチックでしょう?」

「麻衣もその人に会ったの?」

「ええ、あたしも打ち合わせに立ち合ったわ。それでね、その人」

麻衣の声の調子がさらに上がった。

「七十歳を超えた人なの。大阪の大手電機メーカーに勤めていた人で、四十代で妻を亡くされて以来ずっと一人だったんだって。それが趣味のサークルで婚約者と知り合い、ためらいもあったけれど残りの人生を彼女と過ごそうと決断して結婚を決めたと言うのよ」

「七十代……」

何かが悠太の脳裏をよぎった気がした。

大正大学地域構想研究所ホームページ(http://chikouken.jp/chiikijin)では、
連載小説「『馬鹿者』を命ず!」のバックナンバーを閲覧できます。

「それでね、その人、松島さんがつくった、ビワのコンポート入りのタピオカミルクを試食して気に入ってくれて、披露宴でぜひ出してほしいって。小笠原一徹さんが言っていた伊予南フェアに協力する条件、憶えているわよね？」

「ビワのコンポートを全部売り切る」

「そのめどが立ったのよ！」

　バスルームのドアが開き、ジーンズとTシャツを着た薫子が出てきた。

　悠太はケータイの通話口を手でふさいだ。

「仕事の電話」

「どうしたの？　だれかいるの？」

「いや……でも良かった。一歩前進だ」

「一歩どころじゃないわ。二歩も三歩もよ。小笠原さん、ほかの生産者たちにも伊予南フェアに協力してもらえるように声をかけてくれるはずよ。それじゃ……あ、言い忘れた。パーティーは来月よ。パーティーの様子を動画に撮ってホームページで公開したらまた人が来るでしょうね」

　また何かが悠太の脳裏をよぎった。

　悠太は水の中の魚影を追いかけるようにその正体を見極めようとした。

　もしかして、まちおこしのアイデアの一端ではないか。

「悠太、戻ったら無駄にデカいのを連れて小笠原さんに会ってあげて。あのデカいの小笠原さんのことを怖がっていて、一人じゃ会いたくないと言うのよ」

　悠太はケータイを鞄に戻し、薫子を見た。ベッドに腰掛けた薫子はすっかり落ち着きを取り戻し、先ほどの切羽詰まった表情はかけらも見えなかった。

　そういえば雷鳴はもう聞こえなくなっている。雨も小降りになったらしく窓を叩く音もしない。

　稲妻と雷鳴が縮めた二人の距離はまた広がり、部屋に漂っていた濃厚な空気は薄まっていた。

　悠太はなぜケータイに出たのだろうと思った。無視しても良かったのに……。

「お腹空きましたね」

「そうだね。二階にレストランがあるからそこに行こうか」

　悠太はぎこちない笑みを浮かべた。

　悠太と薫子は約束の時刻よりも早い午前十時二十分にJR尾花駅にやってきた。

　NPO法人・尾花古民家再生会議代表の守《もり》屋《や》良子《りょうこ》はすでに改札前で二人を待っており、薫子を見つけて手を挙げた。

　年齢は四十代半ばだろう。背がとても高い女性で、メタルフレームの眼鏡をかけた細面が知的な印象を与える。

　悠太は顔を見上げて挨拶した。

「いい天気になって本当に良かったです！」

薫子が満面の笑みを浮かべて言った。古民家を見て回れるのが嬉しくて頬が上気している。

「今日は暑くなるわよ。午前中に回れるだけ回りましょう。まずはいくらか涼しい今のうちに山の中腹にある古民家を案内するわ」

駅舎を出た良子は駅前のロータリーを横切り、JRの線路に沿って続く国道を歩き出した。

大股で歩を刻む良子に遅れまいと、悠太と薫子はいつもより足早に歩いた。

五分とたたないうちに額から汗が垂れてくる。

良子は交差点で左折してガード下をくぐり、家々が密集して建つ傾斜地の階段を上り始めた。

「お二人は足腰には自信がある方かしら？」

「あたしはけっこう自信あります」

「僕はまったくないです」

悠太と薫子が同時に答えた。

「大渡さんは心強いわね。石打さんは頑張って付いてきてね」

悠太は良子と薫子に取り残されまいと急勾配の階段を必死で上った。額の汗が目に入り、石段に染みをつくる。

いきなりこんな強行軍を強いられるとは思わなかった。薫子と一緒の遠足気分でやってきたのだ。

階段を上りきって右折し、しばらく尾花市街を見下ろす路地を横に進んでから、良子は再び階段を上り始めた。

今度はさっきほど急峻ではない。階段の両側には、展望台らしい張り出した窓がある洋館や、見晴らし台を取り付けた本格的な日本家屋など、他ではなかなか見られない個性的な民家が並び、目を飽きさせない。

良子は階段を上りきる少し手前の路地を右に曲がり、崖の上に建つ、ひときわ眺望の良い古民家に二人を案内した。

「素敵！」

薫子が歓声を上げ、鞄から重そうな一眼レフカメラを出して建物の外観を撮り始めた。

古民家は木造二階建てで、重厚な瓦屋根や横に長い建物はどこか昔の旅籠《はたご》を思わせる。尾花市ではよく知られた建物なのかもしれない。観光客らしい数人が庭や玄関の土間を見物していた。

「私たち、再生したこの古民家を『観望《かんぼう》亭《てい》』と名づけました」

「旅館ですか？」

「ええ、ゲストハウスです。石打さん、よくわかりましたね」

「駅前の観光案内所で見せてもらった宿のリストにこの名前があったような気がしたんです」

「この古民家は築九十年の建物で、もとは京都の商家が別荘として建てた住宅だったんです。戦後は一時期、旅館として利用された時期もあったけれど、廃業してからは三十年近く放っておかれてしまって」

「可哀想……」

「本当にそのとおりね。歴史的にも建築的にも価値がある建物なのに」

良子に案内され、悠太と薫子は玄関の土間に入った。

広々とした土間にはかつての外観を写した古い写真や現在の間取り図などの資料が展示されている。

悠太はケータイで間取り図を写真に収めた。

一階には受付のある広間とカフェレストラン、宿泊用の部屋が二つあり、二階には部屋が六つ並んでいる。

「部屋は洋室ですか？」

悠太はメモ帳を出して聞いた。

「和室です。六畳間が四つと十畳間が四つね」

「カフェレストランは一般の人たちも入れるんですか？」

「もちろん、ぜひご覧になって」

良子は土間の右手にあるドアを開けた。とたんに客たちが交わす言葉のざわめきが耳に飛び込んできた。

カフェレストランは和モダンの意匠をあしらった広い板張りの部屋で、アンティークのテーブルと椅子が置かれ、奥にはカウンターがある。午前十一時前だというのに観光客らしい人たちで席は七割がた埋まっていた。

「素敵！　日本家屋の中に和モダンの空間をつくる発想がすばらしいわ。リフォームの技術も見事ね」

薫子が感極まった声を出した。

「汗をかいたのでここでお茶でもしましょうか」

良子は店内へと二人をうながし、お勧めだというアイス抹茶ラテを注文した。

椅子に座り、ほっと一息ついた悠太は店内の様子を眺めた。

三方に大きな窓ガラスのある店内は明るく開放的で、尾花市の市街地や尾花水道を挟んだ向こうの対岸島《たいがんじま》が望める。

「よくこれだけのリノベーションができましたね。尾花市内の業者にお願いしたんですか？」

悠太同様、興味深げに店内を見回していた薫子が感心した顔で良子に尋ねた。

「もちろん市内の業者だけれど、完成までには紆余曲折があったので、ちょっと説明が要るわね」

ホールスタッフが飲み物を運んできた。

ほんのり甘いアイス抹茶ラテは確かに美味しい。悠太は一気に半分近くを飲みほし、良子の話に聞き耳を立てた。

古民家の再生は誰にどう頼めばいいのか、一番聞きたかったことなのだ。

「実は私たちは最初、住宅の新築やリフォームの施工件数が市内で一番多い工務店にお願いしたの。ところがこの建物を見たとたんに引き受けるのは難しいと尻込みしてしまったのよ。そこで次に二番目に大きい業者に当たったんだけれど、答えは同じ、要するにどちらも私たちが考えたリノベーションのプランを実行するのは容易じゃないと言うのね。それで私は父に頼んだの」

「お父様に⁉」

「お父さん、大工さんなんですか？」

「父は七十歳を過ぎて引退していたけれど、昔は宮大工の棟梁で、寺や社《やしろ》の増改築や修繕の仕事もよく請け負っていたの。尾花市は寺が多い街だから。その父にどうしたものかと相談したら興味を持ち始めて、『古民家の再生に挑戦したい若い人たちを集めてくれたら、指導してやってもいい』と言ってくれたの。私たちはSNSを使ったり、つてを辿ったりして古民家の再生に関心がありそうな若い工務店の経営者や大工に声をかけて、父の指導を受けてもらったのよ」

「この家をいきなり再生したんですか⁉」

薫子が驚いて聞いた。

「そうじゃないの。あなたが驚いたように、いきなりこの家は無理だわ。まず海沿いの商店街にある町家を父の指導でゲストハウスに再生したのよ。そこで経験を積んだ後、さらにもう一軒、古民家の再生を手がけてもらって、ある程度習熟してからこの家の再生に挑んでもらったの。海沿いのゲストハウスにもこれから案内するわね」

悠太が聞いた。

「お父さんの指導を受けた人たちは何人くらいいるんですか？」

「今では七、八人になるかな。きちんとした施工技術を持っている人なら経験さえ積めばできるから、少しずつ業者の輪も広がっているわ。さあ、そろそろ次に行きましょうか」

良子が次に案内してくれた、海沿いの商店街にあるゲストハウスは、町家を改装した素朴なつくりの古民家だった。

奥行きのある二階建ての木造家屋で、商店街に面した側に引き戸の玄関があり、「うなぎの寝床」と表札がかかっている。

良子は引き戸を開けて、中にいるスタッフに挨拶し、悠太と薫子を招き入れた。

入ってすぐの広い土間はカフェスペースに改装され、コーヒーのいい香りが漂っている。カフェスペースの奥に靴を脱いで上がる部屋があり、帳場が設けられている。

「素敵！」

薫子がまた歓声を上げた。

「昔の町家の雰囲気を残しながら、今の人たちにも気に入ってもらえるような工夫を凝らしているんですね」

悠太もうなずいた。内装も素朴な造りだが、とてもくつろげそうな雰囲気を醸し出している。使い勝手も良さそうだ。

カフェスペースに置かれたテーブルと椅子は三組とも、小学校の理科の実験室で昔、使われていたようなレトロなデザインだが、室内には無線通信用のWi‐Fiのアンテナが取り付けられ、テーブルの上にはスマホの充電器もある。

「ここは若い人たちにぜひ泊まってもらいたいと思って造ったの。実際、自転車が好きな若い人たちの溜まり場になってくれていて、今日も満室だと聞いているわ」

「一泊いくらですか？」

「相部屋の場合は一人一泊二千九百円で、家族やグループで部屋を貸切る場合は一人三千四百円。部屋には二段ベッドがあるの」

「相部屋！　二段ベッド！　ユースホステルを思い出すわ」

薫子が懐かしそうな顔で言った。

「あの……お父さんの指導を受けた人たちが今では七、八人にいるという話ですけれど、尾花市以外でも古民家の再生を手がけてもらえますか」

悠太は聞いた。

「もちろん、市外の仕事を請け負っている業者もいるわ」

「それなら伊予南市の古民家の再生も引き受けてもらえるでしょうか。実は伊予南市で農作物の収穫体験とか星空やホタルの観賞とか、そんな体験ツアーを企画して都会から人を呼び込み、古民家を再生したゲストハウスに泊まってもらおうというプロジェクトが動き出したんです。守屋さんにご相談に乗っていただけませんか？」

午前十一時半、新庄は約束の時刻きっかりに伊予南駅前の喫茶店I《あい》カフェのドアを開けた。

奥のテーブル席で新聞を読んでいた高齢の男性が顔を上げ新庄を見た。

店内には他に高齢の男性客はいない。中年の女性二人組と営業担当者風の若い男性だけだ。

新庄は待ち合わせの相手に違いないと当たりをつけ男性のテーブルに近づいた。

「兼原さんですか？」

男性はうなずいて新庄に向かいの席を勧めた。年齢は八十代前半だと聞いていたが血色が良く、いかにも健康そうだ。

店員がホットコーヒーとバゲットのサンドイッチを運んできた。新庄はコーヒーを注文した。

「ぶしつけに朝、突然電話して失礼しました」

「いえいえ、話し相手ができるのがむしろ嬉しいくらいですよ。今日は妻がパートで家にいないのでね」

兼原はサンドイッチを美味しそうに一口かじった。

「それで新庄さん……でよろしかったかな。あなたの話とは二名島バッテリーの株の件でしたね」

「兼原さん、単刀直入に申します。あなたが所有している残りの二名島バッテリー株を私たちに売却していただけませんか？」

「伊予南市が買い取ると言うのですか？」

「金額についてもなるべく希望に沿うようにしたいと思います。目的は二名島バッテリーの伊予南市からの移転を阻止するためです」

「なるほど……趣旨はわかりましたが、残念ながらお断りせざるを得ませんね。残り

の保有分は榎さんに売却すると約束したんです。反故にするわけにはいかない」

「二名島バッテリーが移転してしまってもいいんですか」

「それが榎さんの決断なら我々は受け入れますよ。榎さんは二名島バッテリーにとって最良の選択とは何かを常に考えて行動してきた人ですから」

兼原は目を細めてコーヒーを飲んだ。

「二名島バッテリーが出て行ったら伊予南市は大きな打撃を受けます」

「それはそうでしょうな。あなたたち市の職員にとっては由々しき問題でしょう」

「兼原さんにとっては由々しき問題じゃないのですか？」

兼原はうなずいた。

「私は伊予南市民ですが、伊予南市よりも二名島バッテリーの行く末の方が大事です。新庄さん、あなたがもし誤解しているのなら解いた方がいいと思って老婆心ながら敢えて言いますが、私たち創業期のメンバーは誰一人として伊予南市にはいい思いを抱いてはいませんよ。私は今でもよく覚えています。十坪しかないバラックの工場《こうば》を拡張しようと榎さんが地元の地銀に融資をお願いにいったら、窓口の平行員に門前払いを食わされましてね。『おたくの実績と信用力ではうちではとても貸せない。信用金庫を訪ねてみたらどうか』と言われたそうです。職業安定所の紹介でようやく二十代の若い従業員を採用できたと皆で喜んでいたら、親がやってきて『いつ潰れるかわからない会社に入れるわけにはいかない』と反故にされてしまったこともありました」

店員がホットコーヒーを運んできたが、新庄は手をつける気にはなれなかった。兼原の話は以前、榎に聞いた記憶があった。二名島バッテリーの株を所有する創業期のメンバーはだれもが同じ思いを共有しているのかもしれない。

新庄は立ち上がった。

「兼原さん、私はこれで失礼しますが、他の人たちを当たっても無駄ですかね」

「たぶんね。榎さんはすでに全員に声をかけ、株を買い取る約束を取り付けたはずですよ」

「私は確かに誤解していたようですね。兼原さんを始めとして皆さん、本社工場の移転に反対なのかと思っていました」

「私たちは榎さんに逆らって本社工場移転の戦犯にさせられたくないだけです。この街で静かに老後を送りたい私たちにとっては最悪のシナリオですからね。新庄さん、もう一つ言っておきますが移転は阻止できませんよ。榎さんはやると言ったことは必ずやり遂げますから」


*Kazuhiro Shibuya*

作家・経済ジャーナリスト・
大正大学表現学部客員教授。1959年12月、横浜生まれ。
日経BP社で「日経ビジネス」副編集長、「日経ビジネスアソシエ」創刊編集長、
「日経ビジネス」発行人などを務めた後、
2014年3月末、独立。1997年に長編ミステリー
『錆色（さびいろ）の警鐘』（中央公論新社）で作家デビュー。
TV、ラジオでコメンテーター、MCも務める。

# 著名アーティストによる展覧会やトークセッション、上映会を大正大学5号館1階で

ESPACE KUU

オープニングパーティーの様子

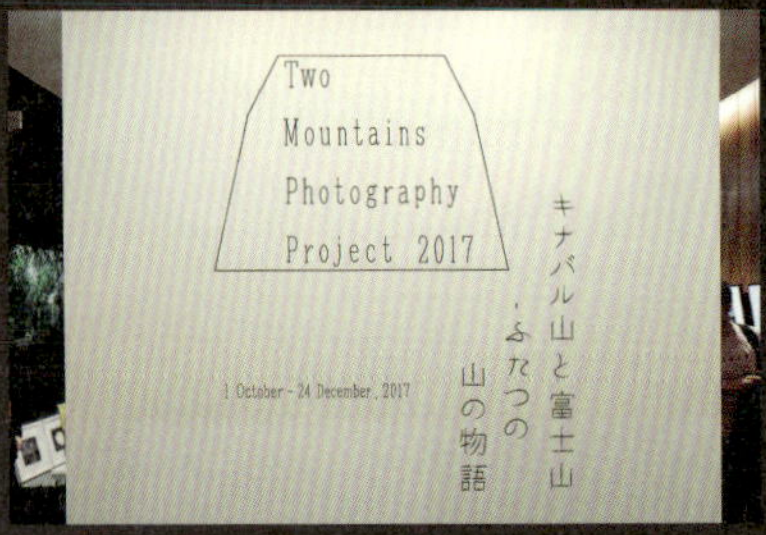



ESPACE KUU 空（エスパス・クウ）
〒170-8470
東京都豊島区西巣鴨 3-20-1
大正大学 5 号館 1 階


## 新たな文化・コミュニケーションを生み出すアートスペース

大正大学キャンパス内のアートスペース「ESPACE KUU 空（エスパス・クウ）」は、写真を中心とするビジュアルアートの展示を通して、学生のみならず、地域と共に新たなカルチャーを生み出す機能を果たす場を目指して開設されました。仏教系大学として培ってきたDNA、精神性を深め、人生を豊かに生きるための叡智やヒントをアーティストとオーディエンスが共有し、文化を支え合うコミュニケーションの輪がここから生まれるよう、会期中にはレクチャー、トークセッション、ワークショップ、読書会、コンサートなどを開催して参ります。


［会場・開場時間に関する問い合わせ］
大正大学　学長室企画調整課
TEL:03-3918-7311（代）
kuu@mail.tais.ac.jp

［作品・作家に関するお問い合わせ］
株式会社クレー・インク
TEL:03-5410-1277
info@klee.co.jp


イベントの詳細やスケジュールは
WEBをご覧ください
http://taisho-kuu.tokyo/

富士山 ©Mikio Hasui

キナバル山 ©Bainon Flanegan

## 開催中の展覧会

## Two Mountains Photography Project 2017

**キナバル山と富士山**—ふたつの山の物語

**蓮井 幹生 | 叶野 千晶 | 鈴木麻弓 | Nana Safiana | Bainon Flanegan**

会期●2017年 10月1日(日)～12月24日(日)　開場時間●10：00－19：00 入場無料

**Project Statement | 本プロジェクトについて**

海洋国家として交流を続けると共に、深い理解に基づく友情を築き上げてきたマレーシアと日本。その証として 2013 年にスタートしたプロジェクト『The Two Mountains Photography Project（TM2.0）』は、マレーシア・クアラルンプールでの第一章を終え、今回はその第二章となる展覧会です。

森枝卓士の「食」から始まる地方再生 二十八

# ベンチャーウイスキー

森枝卓士
フォトジャーナリスト

埼玉・秩父に本拠を置くイチローズモルトのカード・シリーズは、その中の『キング・オブ・ダイヤモンズ』が英国の『ウイスキー・マガジン』の日本モルト特集でゴールドアワードに選ばれたため、人気が高かった。今回は、１９８５〜２０００年までに蒸溜されたカスクのウイスキーを含み、異なるカードをあしらったシリーズの13本セットが、31万８５００香港ドル（４８４万円）で落札された」

あるいは、54本セットが４８００万円（別の情報では５５５７万円）で落札されたという記事も。

お金で説明するのは、品がない。無能な物書きと白状しているようで、できれば避けたい。しかし、門外漢にもどれだけ注目を集める凄いものであるか、分かっていただけるのではないか。

「いや、残念ながら、私たちが、その値段で潤っているわけではなくて……」

あくまで、常識的な値段で売り出したものが、希少価値含めてオークションの場ではそうなってしまったようで……と、苦笑いしながら肥土《あくと》伊知《いち》郎《ろう》社長。

酒飲みの端くれとしては、秩父のウイスキーが評判になっていることくらいは知っていた。が、「そこまで？」という話に驚いて、好奇心をそそられ、連絡を取った。正確に言うと、どこかのバ

1 一般的には管理しやすいステンレスのタンクで発酵させるが、ここではミズナラの木のタンクを使っている。一番奥に見えるのが蒸溜釜。 2 短期間にどれだけの賞を受けたか、よくわかる。

*Takashi Morieda*

1955年熊本県水俣市生まれ。
国際基督教大学社会学部卒。大正大学表現学部客員教授。
フリーのフォトジャーナリストとして、食文化を中心に世界中を取材。
新聞・雑誌の執筆からマンガの監修まで、幅広く活躍中。
写真絵本『干したから…』(フレーベル館)が、
全国学校図書館協議会の第22回日本絵本賞と
厚労省の平成29年児童福祉文化賞を受賞。

1 木樽も一部自社製。蒸溜所の一角で、樽職人の永江健太さんが作っている。この規模ではあり得ないはず。 2 みどりが丘工業団地の中で、ウイスキーを主張する。 3 近所の蕎麦畑が、じきに麦畑に。4 麦芽を粉砕し、澱粉を糖化させた麦汁が、ミズナラの発酵タンクの中で発酵中。

ーで飲んだ覚えはあって、好ましい印象は持っていたのだけど、それにしても、そのとんでもないお値段の話を聞いて、改めて訪ねたのだ。

秩父とはいっても、駅の近くではない。バスもない。タクシーで3500円ほどだが、それで行くしかない。飲みたいから。

だが、それで如何にそのウイスキーが地元で愛されているか、知った。「ウイスキーの」というだけで通じるし、運転手氏は切々と「イチローズモルト愛」を語るのだった。秩父でもどこの店でなら比較的手に入りやすいとか、この前、やっと手に入れたのは……とか。

あれこれ、試飲させてもらって、その話に納得する。面白い。凄い。うまい。

「どなただったか、変化球もあるけれど、どれもストライクと表現された方がいた」と、広報担当でブランドアンバサダーの吉川由美さん。まさに。そう、それが言いたかったこと。

スコットランド、アイラ島のウイスキーに見られる特徴的な薫香を想起させ、でも少し違うオリジナリティーを感じさせる1本、IPA（インディア・ペールエール）のビール樽で熟成した柑橘のような爽やかな香りの1本……。できるものなら、時間が許せば、あるだけ全部試させてもらいたいと狂うほど（ああ、だから、香港でとんでもない値段をつけた人物の気持ちは分かる）。

念のために書いておくと、これらのとんでもないボトル、1本だいたい1万円前後である（もっとも入手しやすいと思われる「イチローズモルト&グレーン ホワイトラベル」は3500円ほど）。まあ、地元でも入荷後すぐに売り切れて、入手が困難ということではあるのだけど。

このとんでもないウイスキーを造っている肥土さん。17世紀から続く、秩父の造り酒屋に生まれ、東京農業大学の醸造学科を出て、サントリーに入

肥土社長。ウイスキーが好きでたまらぬ、そして素晴らしいセンスの持ち主。

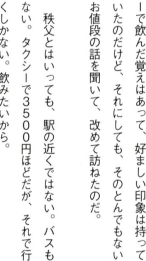

5 さまざまな樽の中で熟成の時を待つ。やがて、また新たな傑作が。 6 定番の「ホワイトラベル」（左端）と「リーフラベルシリーズ」。いろいろと造ってはいるのだが、どれも量が限られている。嗚呼。 7 秩父の山々に抱かれた貯蔵庫。すぐにいっぱいになりそうで、さて、新たに？

**ベンチャーウイスキー**
**秩父蒸溜所**
住所●埼玉県秩父市みどりが丘49番
電話●0494-62-4601

社。洋酒の販売やその企画などをやっていた。やがて、実家の造り酒屋に入るが、経営状態は思った以上に悪かった。

その蔵で造っていたウイスキー（日本酒だけでなく、造っていたのだ）の樽だけ残し、会社は譲渡して、株式会社ベンチャーウイスキーを興す。２００４年のことだ。それから、あっという間の快進撃。

広報の吉川さんに、蕎麦（周知のように産地なのだ）の収穫が済んだら、ウイスキー造りに使う麦畑になるのだというところから、蒸溜所や貯蔵庫まで見せてもらい、肥土さんにはゆっくりと話を聞いた。なるほど、へえ、という話ばかり。

実家の会社を譲渡してから、新たに自社を立ち上げるあたりまでの2年間、1日3軒平均、つまりのべ２０００軒のバーを巡り、それぞれで数杯のウイスキーを飲み続けたという。父親の代で造っていたウイスキーも、あちらこちらのバーに持ち込んで意見を聞いたという。

その蔵は、日本酒でも大衆的な市場相手の商売だったこともあり、造っていたウイスキーについて専門家や好事家の意見を聞くようなこともなかったらしい。クセはあるが個性のしっかりした、ウイスキーだったようなのだが。

で、そのような経験を通して見えてきたものがあったらしいのだが、何よりその執拗な試みに感じ入る（そうそう、その昔のモルトもブレンディッドの一部に使ったりしていて、イチローズモルトのベースのシリーズの一つになっている）。

そういえば吉川さんは、この蒸溜所ができた当初から入社を望んでいたが、まだその余裕がないと思い、機が熟すまでスコットランドで働いていたのだとか。ほかのスタッフも何人か話を聞いたら、好きで好きでたまらぬ風。

その情熱とこの土地の風土と才能、センス等々が相まって、奇跡の物語が生まれたのか。

地域との関係で言えば、前述のように地元の大麦でも造っているし、「秩父ウイスキー祭」というイベントも出展企業として協力している。秩父夜祭と共に秩父神社の冬の風物詩である（次回は来年の2月18日、日曜日）。普段でも、西武秩父駅隣接の店でブレンディッドは飲むことができる。秩父観光のついでにでも、お試しあれ。地域と結びつくウイスキーの〝口福〟を実感できる、はず。

西武秩父駅の駅舎には、このような場所がある。ここでなら、飲めます。うふふ。

二宮清純のスポーツとまちおこし 17

# プロチームの登場で地元に根付いた自転車王国とちぎ

**二宮清純**
スポーツ・ジャーナリスト

*Seijun Ninomiya*
1960年愛媛県生まれ。
オリンピックやサッカーW杯など
国内外で幅広く取材活動を展開。
地域密着の総合型スポーツクラブづくりにも取り組む。
東北楽天ゴールデンイーグルス経営評議委員、
日本サッカーミュージアム
アドバイザリーボード委員なども務める。
株式会社スポーツコミュニケーションズ代表取締役。


栃木県は知る人ぞ知る自転車王国である。

2年かけて県内全市町を走破する国際自転車競技連合公認の自転車レース「ツール・ド・とちぎ」第1回大会が開催されたのは今年の春。地元の下野新聞は、その模様をこう伝えた。

〈3日間3ステージで（総走行距離約320キロ）にわたるレースには延べ約6万6千人が来場し、約10億9千万円の経済波及効果があったとした。さらに、国内では珍しい1県内の複数市町をまたぐ本格的なラインレースの成功例として競技関係者からは好評で、大会継続の要望もあったという〉（9月6日付朝刊）

県庁所在地の宇都宮では毎年10月、ロードレースの国際大会「ジャパンカップサイクルロードレース」が開催される。1992年に始まり、今年で26回目を数えた。海外の強豪チームが参加する国内有数のレースとして注目されている。

今年は10月21、22日に行われたが、台風21号の接近によって大雨に見舞われた。それでも11万人の観衆が集まったというのだから、その人気は完全に定着したと見ていいだろう。

県内ではこうしたコンペティションだけでなく、一般参加の自転車イベントも盛んである。たとえば那須町・那須高原を舞台にした那須高原ロングライド。これは震災復興を目的に2011年に始まったものだ。初年度の参加者は約800人だったが、回を重ねるごとに増えていき、今年は2700人が参加した。

このイベントの一番の売り物は那須連山の標高1462メートル地点までのアップダウンに挑むヒルクライム100。今年の参加枠は700人だったが、ホームページで募集開始後、1時間で全て埋まってしまったという。

また那須町は15年に自転車ロードレースの国内頂点レース、第84回全日本自転車競技選手権を招致し、このときは全日本史上過去最多となる3万5000人が観戦に訪れた。

このように栃木は自転車のビッグレースや参加型イベントを次々に成功させ、サイクリストの中には「聖地」と呼ぶ者すらいる。

栃木にならえ――。自転車による地域振興を模索する自治体からは羨望の眼差しを向けられている。

しかし、事はそう簡単ではない。栃木にあって他の自治体にないもの。それはロードレースのプロチームである。栃木には宇都宮ブリッツェン、那須ブラーゼンという二つのプロチームが存在するのだ。

ブリッツェンの元監督で現在はアドバイザーを務める元プロサイクリストの栗村修に話を聞いた。

「自転車ロードレースはハコモノ、いわゆる競技場やアリーナがいらない。整備された道路と適度なアップダウン、そしてきれいな景色があればいいんです。栃木には、そうしたものが揃っています。他県の選手は栃木にやって来ると一様に〝こんな最高の走行環境は初めて〟と口を揃えます。ジャパンカップが20年以上続いたのも、そうした理由があったからでしょう」

だが、最初からうまくいったわけではない。はじめのうちは行政や企業からも期待していたほどのサポートや理解を得られなかったという。

「はっきり言って、ジャパンカップも昔は全く地元に根付いていませんでした。会場の森林公園周辺は宇都宮市街から20キロ以上離れた郊外にあり、選手もお客さんも県外の人ばかり。栃木県民、宇都宮市民にとっては〝秋になると毎年、何か自転車で走っているね〟という程度の認識。まったく

イラスト●北村ケンジ

もってマイナーなスポーツでした」

自転車にさして興味を示さなかった宇都宮市民、栃木県民の意識を変えたのが08年に誕生したブリッツェンである。身近にプロチームが誕生したことで大会を見に来る人が増えてきたのだという。

「ブリッツェンがジャパンカップに参加するようになり、その2年後、ジャパンカップに〝クリテリウム〟というレースが追加されました。これは宇都宮市内のコースで行われるもので、郊外では無理だけど市内なら皆が見に来られる。しかも地元のプロチームの選手が走っているとなれば応援にも気合いが入る。そこからですね、宇都宮、そして栃木に自転車文化が根付き始めたのは……」

サッカーが全国各地に根付くようになったのは93年に誕生したJリーグからである。初代チェアマンの川淵三郎は「地域密着」という理念を掲げ、「最低でも一県にひとつのクラブをつくる」と表明した。これを川淵は〝オラがまちのクラブ〟と呼んだ。ある意味、栗村は川淵理論の継承者である。

「サッカーには〝Jリーグ100年構想〟があります。全国に芝のグラウンドを整備し地方のスポーツ振興を目指すというとても高尚なものです。あれを勝手に頂いて〝自転車50年構想〟を書き、パソコンの中に保存してあります」

この5月、環境問題の解決や国民の健康増進を目的に「自転車活用推進法」が施行された。ロードレースには追い風が吹いている。（敬称略）

新しい大型商業施設の開業により利便性がよく、新設住宅の増加もあり、住みたいまちランキングの上位に挙げられる東京都立川市。この地に、働く女性向けの保育園併設コワーキングスペース「Cs TACHIKAWA（シーズ立川）」をオープンさせた、株式会社シーズプレイス代表取締役の森林育代さんに会いに行った。森林さんとは以前より一緒に仕事をし、パパ料理教室の講師を依頼されることもあった。彼女の新しいチャレンジは、どのようにして形になっていったのだろうか。

## 市の施設の委託運営を経て保育施設のある仕事場づくりへ

森林さんは、短大卒業後に就職せずに、ミュージシャンとしてプロデビューを果たした異色の経歴を持つ。今は亡き本田美奈子さんのバンド「MINAKO with WILD CATS」でギターを担当し、全国ツアーを回っていたことも。

「30歳になってバンドも解散し、英会話スクールに営業職で就職しました。そして、結婚。出産後には育児休暇を取りましたが、『妊娠は許可制だ』と言われるぐらい厳しい会社で、育休を取得する女性は、過去に一人いたかいないか。じゃあ私が最初に頑張ろうと復帰しましたが、子育てしながら働くには会社の理解も環境も整っていなかった。夜9時、10時まで働く日々が続き、日曜日も休めず、本当に大変でした。働く母親が、どうしてこれほどしんどい思いをしなければならないのか。その思いが、シーズプレイス起業の原点になっています」

結局、復帰後約3カ月で退職。その後、派遣や契約社員として事務職や営業職などのフルタイムの仕事と家事、育児の両立を通して、働く母親や子どもたちを取り巻く社会的な課題に目を向けるようになる。

「最初は、私と子どもさえよければいいという考えでしたが、保育園の父母会長を務め、だんだん周りの子どもたちも幸せにしたいと思うようになりました」

そのころから地域活動に関わることが多くなり、当時住んでいた武蔵村山市を子どものためのいい故郷にしたいという思いが、次第に芽生えていく。

「武蔵村山市の男女共同参画推進市民委員を4年間務めて感じたのは、市民委員の立場だけでは、社会の仕組みを変えることはできないということです。自分たちで団体をつくり、本気で世の中を変えようと決意しました」

２０１２年（平成24）6月、誰もが自分らしく幸せに暮らせる社会、多様性を受け入れられる社会づくりを目指すＮＰＯ法人ダイバーシティコミュを設立。14年4月には、地元にある武蔵村山市立の男女共同参画施設「緑が丘ふれあいセンター」の指定管理事業者に認定され、森林さんはセンター長に就任した。

「市から予算をもらい、私たちが市の施策を企画して運営しています。まちの活性化のためのイベントや各種講座の実施、広報

*Ikuyo Moribayashi*

東京都東久留米市出身。成城短期大学を卒業後、プロのミュージシャンを経て、30代で就職、結婚、出産。2012年、NPO法人ダイバーシティコミュ設立。16年、株式会社シーズプレイスを設立し、代表取締役に就任。17年、「Cs TACHIKAWA」と「みらいのたね保育園」を開設。武蔵村山市まち・ひと・しごと創生総合戦略推進委員会委員、女性の健康とワーク・ライフ・バランス推進員、全国女性会館協議会理事などを兼務。


文●**滝村雅晴** *Masaharu Takimura*
パパ料理研究家。株式会社ビストロパパ代表取締役、大正大学客員教授、農林水産省食育推進会議専門委員。2014年、日本パパ料理協会を設立し、会長飯士に。17年11月、料理力×自分らしさ×思いやりを学ぶBistro Papa Cooking School開校。

撮影●**安藤“アン”誠起** *Ando“AN”Masaki*
横浜出身。“旅と人、クワガタと”がコンセプトの写真作家。クワガタ&カブトムシやアウトドア、旅関連の著書多数。長野県塩尻市では、写真を活かした地域創生に取り組む。2016年、奄美観光大使就任。現在、奄美の新聞で連載中。
http://www.andoanmasaki.com

立川市内では有名な「オニ公園」にて。森林さんの後方で遊んでいるのは、「みらいのたね保育園」の園児と保育士たち。

地　知
志　食

パパ料理研究家が、
地域で活躍する
知人の志を聞きながら、
地域創生につながる
ヒントを見つけ出す。
知人の目利きによる
地産の店も紹介。

## 立川に保育園併設コワーキングスペースを設立

# 働く母親や子どもたちが幸せに暮らせる地域に

**森林育代** 株式会社シーズプレイス 代表取締役

誌の発行まで幅広いですね」

森林さんは、NPOの仕事に専念するために、当時勤めていた会社を辞めた。経営者への道を歩き出したのだ。

「好きなことをやって食べられるのがうれしかった。今までは雇われ、指示されて動き、お給料をいただいていましたから。全部自分で決めて働けるのが幸せでした」

そして、子育てをしながらでも、自分らしく働いて生きることはできると、さらに強く意識することになっていく。

市の施設を運営しているうちに、森林さんの中で、より具体的に形にしたい事業が見えてきた。

「行政が行う男女共同参画は、ある程度枠にはまり、自由にできないこともあります。働く女性が、子育てしながら働ける社会をつくるためにはどうすればいいか。『緑が丘ふれあいセンター』の次年度の事業計画を立てる時に、何か足りないと感じました。女性の創業支援や自立支援をしても、営業支援はできない。公共施設では、最初の一歩の背中を押すことはできても、その後、具体的に商売するにはどうすればいいかまではサポートできない。女性がしっかり仕事を継続していける場が欲しいと」

子育て中の母親が働くには、どうしても子どもを預ける場所が必要になる。「緑が丘ふれあいセンター」に保育室はあるが、保育者が常駐しているわけではなかった。森林さんは、保育施設の付いた仕事場をつくるために動き始める。

「ダイバーシティコミュの副代表理事で、一緒にふれあいセンターの運営をしていた清野《きよの》智美と2人で動いていくうちに、株式会社まちづくり立川の社長で、ビルオーナーの岩下光明さんに出会ったんですね。そのつながりで、ワッカチッタという子育て支援団体を運営している石橋由美子と長谷山聡子がメンバーに入り、英会話スクールの元上司で、保育士の資格を持っている矢島綾子にも声を掛けて、創業メンバーが集まりました。肝心の物件探しですが、岩下さんがご自身の所有するビルに、地域活動に関わるようなビジネスを誘致したいと考えられていて、お互いのニーズが一致したことで決まりました」

1 シーズプレイスの創業メンバー。前列左から石橋さん、長谷山さん、矢島さん。後列左から森林さん、清野さん。2 仕事の合間に、森林さんも「オニ公園」まで足を運び、外遊びの様子を見守ることも！ 3 近所にある「オニ公園」へ遊びに行く園児たちを見送る森林さん。

## シーズプレイスが運営する「シーズ立川」と「みらいのたね保育園」

事業を立ち上げるために必要な人材と物件が見つかり、16年9月、株式会社シーズプレイスが設立される。

「シーズプレイスは、コミュニティ、コネクト、チャレンジなど、Cから始まるポジティブな単語がいっぱい集まるようにと命名しました。また、まだニーズになっていないシーズという、ビジネスの種が集まる場所という意味もあり、女性の働きたいという思いの種を育てる場所でもあります」

武蔵村山市で活動していた森林さんだが、シーズプレイスの拠点には立川を選んだ。その理由は？

「立川は地の利がいい。武蔵村山市は、都内で唯一鉄道の駅がなく、交通の便が悪いんです。ビジネスをするには立川。縦横に鉄道網もあります。そして、駅から徒歩5分のこのスペースを貸していただけるオーナーに出会ったことも大きいですね」

今年2月、念願の保育園併設コワーキングスペース「シーズ立川」と「みらいのたね保育園」を開設。徒歩2〜3分の場所には、鬼の形をした滑り台が人気の児童公園（通称「オニ公園」）がある。自前で園庭を持たない場合、日常的に幼児が使用できる程度の距離に地方公共団体が所有する公園などがあることは、保育

団地の一角にある武蔵村山市立「緑が丘ふれあいセンター」では、親子で楽しめるイベントや保育付きの講座などを企画。

園開設の条件だ。

　スタートして数カ月、すでに「シーズ立川」の利用者は5割ほど、「みらいのたね保育園」は定員に達している。

「フリーの方や家で仕事をされている方は、子どもにどうしても手が掛かり、時間が分断される。仕事と子育てを切り離すことができれば、ママは仕事が進むし、子どもは遊べます。だから、ここに来れば親子ともハッピーになれる。そんな場所をつくりたかったんです」

　都内には、ほかにも託児付きのワーキングスペースはあるが、親子の切り分けをしていない施設が多いそうだ。

「子どもを見ながら仕事をしたり、仕事中に子どもがそばに来たりすると、絶対仕事にならないし、家で仕事しているのと変わらない。『シーズ立川』は、切り分けを大事にしています。ただ、隣の部屋に子どもがいるので、窓から様子を眺めたり、具合が悪くなったらすぐに連れて帰ったりできるなど、保育園に預けて会社に行くよりも安心して仕事をしてもらえますね」

　実際に利用している方の事例も聞いた。

「自宅を事務所にしているママの話です。家にいると子どもがまとわりついて仕事がはかどらない。クライアントに対して納期を守れず、子ども、仕事先、両方に罪悪感があった。それが、ここができたおかげで仕事がはかどるし、子どもは楽しそうだし、ここ数年でこんなに効率よく仕事ができたことはありませんと泣いて帰られました。ほかにも、自宅でデザインの仕事をやっていて、子どもがいると仕事が進まず、寝かせた後で夜中に仕事をするため、自分の体はしんどいし、子どももストレスがたまる。どうしようと悩んでいたところに『シーズ立川』ができて、本当に助かっているというような話をいただきます」

## 女性が集まらないまちは、元気じゃない。シングル女性や子育てママたちが働ける場をつくることが、一番の地域活性化

　利用している人の多くは、インターネットで検索して、ここにたどり着いた。森林さんが思っていた通り、小さな子どもがいることで、働きたいけれど思うように動けなかったママたちが、立川には大勢いたのだ。その潜在ニーズを掘り起こした。

　内閣府の新しい事業として、「企業主導型保育事業」もスタート。一定の条件を満たせば、国から保育施設の運営費・整備費の助成金が出る。「みらいのたね保育園」は、この制度も活用している。

「地域のお子さんが半分、連携企業のお子さんが半分というシステムになっています。うちのコワーキングスペースを使っている方の会社が連携企業の場合、補助金が出ることで、保育料が安くなるんです。通常の認可外保育園だったら、保育料が8～9万円掛かるところを3～4万円で預けられます。しかも、会社の負担はなく、国が助成してくれるのです」

　現在、保育園は人気で空きがないが、ニーズが多いので、来年2月には分園し、新たな募集を始める計画があるとのこと。

「男女共同参画施設の運営もやってきたので、働くお母さんを支援するための保育園にしたいんです。子どもを迎えに来たお母さんが『ごめんね』と言ったら、言わなくていいよとお話しします。保育スタッフには、母親の気持ちに寄り添うよう伝えています。働くママたちに、罪悪感を持って子どもを預けてほしくない。子どもは保育園

4「シーズ立川」のフリー席で仕事をする利用者たち。ほかにブース席やイベントに使える会議室もあり、男性や独身者も利用できる。5「みらいのたね保育園」の食事風景。昼食やおやつは、毎日調理スタッフが手作りする。予約が必要だが、一時保育も受け付けている。6 ビルの1階にあるこの看板が目印。7 昨年度、商店街への最も優れた出店計画として、立川市からシーズプレイスが表彰された。

**シーズ立川・みらいのたね保育園**
立川市錦町1-4-4 サニービル2F
電話 042-512-9958
http://csplace.com

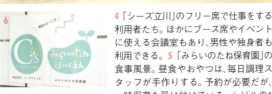

にいてすごく幸せ、母親は仕事ができて自分の人生を生きられて幸せ、と思ってほしい。その理念に共感する保育士さんに現場をお任せしています」

保育の時間帯は、朝7時半から夜8時まで。土日祝日も開いている。子どもを預けられず、仕事との両立が難しかった森林さんだからこそ、子育てしながら働きたいママが求めるサービスを用意できる。

## 再就職希望ママと企業を結ぶ「ママ・ドラフト会議®」

女性の再就職を支援したい森林さんは、企業とママの出会いを生み出すプロジェクト「ママ・ドラフト会議® in ＴＡＭＡ」を企画した。

「働きたいという子育て中のママたちの魅力を企業に認識してもらい、優秀な人材発掘と再就職支援に役立てることを目的にしています。有能な人がいても、どこで出会えるのかわからないという企業の声は多い。これは、ＩＴを活用して地域創生に取り組む株式会社コミクリと、ママ人材のキャリアバック支援に取り組むＮＰＯ法人ママワーク研究所との共催イベントです」

スポンサー集めのために地元企業を回り、ママたちの再就職先になりうる企業に声を掛け、登壇者へのプレゼン指導の講座を企画するなど、森林さんは奔走した。

「公募でエントリーしたママに対して、事前に魅力顕在化研修を実施し、『ママ・ドラフト会議®』でプレゼンをするファイナリストを選出しました。17名ほど応募があり、研修を経て5名がプレゼンすることになりました。長く専業主婦だった女性は、自信がなく不安です。それを企業の担当者がいる前で話せるように鍛えたのです」

10月20日に無事終了した「ママ・ドラフト会議®」では、登壇者がプレゼンをした後、参加する企業が「いいね！」と書いたプレートを掲げ応援。直接採用はできないが、企業と働きたいママとの出会いの場づくりを行い、イベント情報を発信することで、確実に女性と企業の意識は変わっただろう。

1,2 10月20日、ららぽーと立川立飛で開催された「ママ・ドラフト会議® in ＴＡＭＡ」。優秀な人材を求めている地元企業と子育てしながら働きたいママたちが、多数参加した。（写真提供：シーズプレイス）

立川から全国に、「シーズ立川」モデルを広げていきたいという森林さんに、今後の夢を聞いた。

「今、全国からの視察も多く、『シーズ立川』のようなサービスが各自治体に1軒はあるぐらい増えてほしいですね。そして、次はシェアハウスをつくりたい。年を取っても、ずっと現役で人の役に立てるような仕組みがあり、仕事をしながら一緒に暮らせる場所をつくっていきたい。周りにシングルの人がすごく多く、皆さん老後が不安なんですね。一人で一生懸命仕事を続けてきた人たちは、定年後どうするのか。定年後問題って、男性だけじゃなく女性もあります。そんな人たちが一緒に暮らせるシェアハウスがあり、お互いにつかず離れずサポートをしながら、仕事も生み出していける。そんな場をつくりたいんです」

森林さんの周りには、自分に自信を持ち、働くことを楽しむママたちが急速に増えている。一貫して、女性を元気にするための方法を具体的に提案し続けているからだ。

「女性が集まらないまちは、元気じゃないと思うんです。特に20代から40代までのシングル女性や子育てママたち。彼女たちが働ける場をつくることが、一番の地域活性化ではないでしょうか」

自分が生きていくうえで、疑問に思ったことは社会に投げ掛け、問題解決できるように仕事をしている森林さん。反骨心と並外れた行動力、また共に歩む仲間との絆は、ギタリストだったころと変わらない。今の時代、彼女のようなロックな女性が必要だ。これから森林さんの周りには、さらに人が集まり、笑顔で働く女性たちを増やすためのビッグバンドとなっていくだろう。

## 今月の地域おすすめ店

# 築37年の建物をリノベーションし、地域の人たちがシェアできるカフェに

1 パスタ、サラダ、スープのランチは880円。この日のパスタは、「なすときのこのガーリックパスタ」。2 ランチの定番「バタートマトチキンカレー」は、スープ付きで880円。3 カリッと焼き上がった「フレンチトースト」（750円）や「ガトーショコラ」（380円）も人気。コーヒー（300円）と共に。※価格はすべて税別。4 友人たちの力も借りて、民家をカフェに改築。5 オーナーの杉本崇さんは、森林さんの仕事の良きパートナーだ。杉本夫妻を囲む森林さんと筆者。

武蔵村山市の静かな住宅街で、築37年の実家の建物をリノベーションした「カフェ　アイシェア」。オーナーは、森林さんが代表理事を務めるダイバーシティコミュ副代表の杉本崇さんだ。イベントもできる地域のサードプレイスとして利用してもらおうと、今年8月21日にオープンしたばかり。5年前から計画し、中学の同級生で、家具・看板・内装を手掛ける「ＬＩＺＥ ｗｏｒｋｓ」を中心に、昔の仲間たちとともに完成させた。

平日は、杉本さんの妻であり、調理師で栄養士の早苗さんが、カフェとして営業。休日と夜は、将来自分の店をオープンしたい人に使ってもらえるチャレンジショップにしたいと準備を進めている。

この日は、ランチをいただきながら、森林さんがプロのギタリストだったころの映像をユーチューブで見て盛り上がる。この空間を地域の人たちがシェアすれば、きっと思い出話から未来の夢まで語り合えて、思わず長居をしてしまう場所になるのだろう。

**Café i share**（カフェ アイシェア）
**住所** 東京都武蔵村山市残堀2-80-12
**電話** 042-569-6649
**営業時間** 10:00～17:00
**定休日** 日曜、祝祭日、第1・3水曜
https://www.facebook.com/pg/Cafeishare

# 「地域人」バックナンバー

**第27号**

特集
高校生にもわかる！
地方創生のための
マネーの教科書
巻頭インタビュー
原丈人

**第26号**

特集
日本の未来を明るくする
女性たち
巻頭インタビュー
黒崎伸子

**第25号**

特集
地方と世界をつなぐ
ビジネスリーダー
巻頭インタビュー
石山洸

**第24号**

特集
人口減少で
日本消滅!?
巻頭インタビュー
岡野弘彦

**第23号**

特集
地域を豊かにする
鉄道
巻頭鼎談
高市早苗ほか

**第22号**

特集
ローカルメディアと
地域おこし
巻頭インタビュー
森まゆみ

**第21号**

特集
北前船が運んだ
日本海の食文化
Part1
巻頭インタビュー
デービッド・アトキンソン

**第20号**

特集
阿蘇
復旧から復興へ
巻頭インタビュー
唐池恒二
（JR九州会長）

**第19号**

特集
国立公園ブラン
ディング計画
巻頭インタビュー
山本公一
（環境大臣）

**第18号**

特集
子育てしやすい
地域をつくる
巻頭インタビュー
出口治明

**第17号**

特集
黒潮の食文化を
旅する
巻頭インタビュー
渡邉格・麻里子

**第16号**

特集
検証
「ふるさと創生1億円」
巻頭インタビュー
都築響一

▼第1号～第15号までの内容はこちら▼

- **第1号** 地域特集 佐渡／特別インタビュー 石破茂
- **第2号** 地域特集 延岡／巻頭インタビュー 千住博
- **第3号** 地域特集 奄美／巻頭インタビュー 清水愼一
- **第4号** 地域特集 豊島区／巻頭インタビュー 水野誠一
- **第5号** 新春大特集［地方創生元年］知事が語る地方創生
- **第6号** 地域特集 岩手県・長岡市・氷見市／特別企画 地域創生 私の提言
- **第7号** 地域特集 藤枝市・柏崎市・館山市／巻頭インタビュー 舛添要一
- **第8号** 地域特集 千葉県／巻頭インタビュー アレックス・カー
- **第9号** 特集 隅田川を往く／地域構想研究所リポート 人口減少と転出超過緩和の地域特性
- **第10号** 地域特集 山形県 Part1／巻頭インタビュー 鎌田實
- **第11号** 特集「移住」がもたらす地域の未来／巻頭インタビュー 糸井重里
- **第12号** 特集 最上川を往く／巻頭インタビュー 清成忠男
- **第13号** 特集 紀の国・和歌山の自然と人と食／巻頭インタビュー 伊東豊雄
- **第14号** 特集 地域の活性化にがんばる高校／巻頭インタビュー 林良博
- **第15号** 特集 ふるさと納税と地域創生／巻頭インタビュー 久住昌之

詳しい内容は、http://chikouken.jp/chiikijin をご覧ください。

## ご注文方法

① MAIL：j_ishida@mail.tais.ac.jp
② ＦＡＸ：03-5394-3093

※お名前、ご住所、ご電話番号、ご購入希望号、ご購入冊数をご記入のうえ、ＦＡＸ送信願います。
※申込用紙は、地域構想研究所ＨＰ（http://chikouken.jp/chiikijin）よりダウンロードできます。
※お電話によるご注文は受け付けておりませんので、ご了承ください。

第23号まで　定価：本体 815 円＋税
第24号から　定価：本体 1,000 円＋税　※同時ご購入3冊までは送料無料。4冊以上ご購入の場合は別途送料がかかります。

ひむか通信
海から考えた
まちおこし

HIMUKA vol.18 NEWS

# 延岡の魅力を紹介する有料ガイドシステムがスタート

延岡市の魅力を紹介してきた「ひむか通信」は今号で最終回。これまで登場したスポットを楽しめる、観光ガイドプランをご紹介。

**高橋勝栄**
延岡マリンサービス、NPO法人「ひむか感動体験ワールド」理事長

構成●石田智美　写真提供●延岡マリンサービス

**1** 一つの石を外すと石垣が崩れ、千人を殺すことができるという伝説が残る石垣。**2** 資料館には西郷が焼いたとされる軍服のレプリカを展示。**3** 西郷隆盛宿陣地での観光ガイドの様子。

## 延岡の歴史を辿る新しい観光スタイル

海・山・川の自然に恵まれ、神話や歴史的な文化財も多い延岡市は魅力あふれる観光スポットが数多く存在します。延岡観光協会の新たなサービスとして、来年の1月からスタートする有料観光ガイドについてご紹介します。

これまで、延岡市の歴史や神話について観光客にガイドしてきたのは、「延岡ガイド・ボランティアの会」の方々でした。これからは、同会とパートナーシップを組み、観光をされる皆さんの安全面を考慮して、救急法の講習を受けたガイドスタッフが案内することになりました。

有料観光ガイドの第1弾として、西郷隆盛の物語を辿るコースと、続日本100名城にも選ばれている延岡城跡を案内するコースの2つを実施します。

延岡市は西南戦争の際に薩軍と政府軍の最後の合戦があった場所です。西郷隆盛コースでは、西郷が日本に一着しかない陸軍大将の軍服を焼いた場所にある、「西郷隆盛宿陣地跡資料館」やニニギノミコトの陵墓参考地などを巡るコースです。

延岡城跡コースでは、千人殺しの高石垣や城山の鐘、延岡最後の藩主、内藤政挙公の銅像、若山牧水の歌碑などが見学できます。そのほかにも、日本三大ヤブツバキ群として知られる100種類以上のヤブツバキを見ることもできます。その中には延岡城跡固有の種類もあり、この有料ガイドが始まるころにはちょうど見頃になっているかと思います。どちらのコースも歴史的な建造物や景観を楽しみながら、その背景の物語を含めたガイドの語りは、大河ドラマや歴史好きの方にはたまらないでしょう。

どちらのコースも、10名に対してガイド1名がつき、料金は4000円。申し込みは観光協会の有料ガイド担当までお電話か、ホームページから予約できます。今回ご紹介した2つのコース以外にも、弘法大師像がある今山大師や、その他の人気コースも実施予定なのでお楽しみに。

*Katsuei Takahashi*
1971年宮崎県延岡市生まれ。93年延岡マリンサービス入社。99年宮崎県スキューバダイビング安全対策協議会副会長に就任。2009年宮崎県地域づくりネットワーク協議会延岡ブロック長に就任。10年のべおか感動体験案内人連絡協議会会長に就任。12年NPO法人ひむか感動体験ワールド理事長に就任。14年延岡観光協会常務理事（副会長）に就任。

※「ひむか通信」の「ひむか」とは、宮崎県の旧国名「日向」の古い呼び方。とくに延岡藩の領地だった宮崎県北部のことを呼ぶこともあり、延岡市はその城下町だった。この地で年間3000人の観光客を呼び、ダイビングショップを営みながら地元の活性化に取り組んでいる高橋勝栄さんが現地から旬の話題を提供。

# 「地域人 別冊」バックナンバー

「地域データ分析」の教科書

日本青年会議所・大正大学地域構想研究所　共同編集

定価 本体 1,500 円＋税

## 事例紹介で地域分析の活用法が学べる！

「地域経済分析システム」（RESAS ＝リーサス）は、地域経済の状況を数値化して視覚的に把握できる分析システム。全国の日本青年会議所メンバーによるリーサスを活用した政策提言事例を紹介しながら、地域分析での上手な活用法が学べます。

【目次】

●渋谷和宏先生、教えて！
私たちは「どうなる？」「どうする？」
“ 地域データの ” 賢い活用術

●地域の現状と課題を見える化する
「データ分析」の第一歩
・ビッグデータとオープンデータの違いって？

●人口・産業問題を解決！
６つのブレイクスルーレポート
＜人口編＞
愛知県豊橋ＪＣ、兵庫県香住ＪＣ、兵庫県小野加東ＪＣ

＜産業編＞
鹿児島県さつま出水ＪＣ、山形県河北町商工会、石川県金沢ＪＣ　ほか

「観光地域づくり」の教科書

編集　大正大学地域構想研究所／監修　清水愼一

定価 本体 2,300 円＋税

## 日本版ＤＭＯを多角的にわかりやすく解説！

地域創生を生み出す産業分野として大きな注目を浴びている「観光地域づくり」。本書は、第一人者である大正大学地域構想研究所 清水愼一教授がわかりやすくその概念を解説。各地域の話題の DMO 活動も満載しています。

【目次】

●清水愼一教授が解説！
日本版 DMO による観光地域づくり

●観光庁原田参事官インタビュー
地方創生の柱「観光」に今、求められていること

●柏木千春教授が教える！
DMO の基礎講座

●先進的な取り組みを行う地域に注目！
５つの最新実例から学ぶ「日本版 DMO」
雪国観光圏、八ケ岳ツーリズムマネジメント、阿智昼神観光局、由布院観光総合事務所、信州いいやま観光局

●さまざまなバックグラウンドを持ちながら地域で活躍する人をピックアップ
キーマンに聞く！「観光地域づくりに大切なこと」
出尾宏二さん（そらの郷事務局次長）、高砂樹史さん（茅野市観光まちづくり推進室室長）、石松昭信さん（阿蘇市経済部観光課課長補佐）、フジノケンさん（雪国観光圏ブランドマネージャー）ほか

詳しい内容は、http://chikouken.jp/chiikijin をご覧ください。

## ご注文方法

① MAIL ：j_ishida@mail.tais.ac.jp
② ＦＡＸ：03-5394-3093

※お名前、ご住所、お電話番号、ご購入希望号、ご購入冊数をご記入のうえ、ＦＡＸ送信願います。
※申込用紙は、地域構想研究所ＨＰ（http://chikouken.jp/chiikijin）よりダウンロードできます。
※お電話によるご注文は受け付けておりませんので、ご了承ください。

「地域データ分析」の教科書　定価：本体 1,500 円＋税
「観光地域づくり」の教科書　定価：本体 2,300 円＋税　※同時ご購入３冊までは送料無料。4 冊以上ご購入の場合は別途送料がかかります。

# 地域人財は偶然生まれない

本年5月、東京・巣鴨に「座・ガモール」1号店（東北）、2号店（京都）という2つのアンテナショップが開店した。巣鴨は、「おばあちゃんの原宿」と呼ばれるくらい、多くのお年寄りが集い、昭和のにおいを今に残す商店街は、取り扱う商品もレトロのものが多く、どの店も大繁盛である。お年寄りの〝一極集中〟状態なのである。

ところが最近、この町に若者が集うようになった。これを称して「ガモる」というらしい。いったい何を求めて若者は巣鴨にやってくるのだろうか。とげぬき地蔵など仏教の香り、旧中山道沿いの街並みや商店、そしてお年寄りと一緒にいることに安らぎを感じるのだろうか。

この巣鴨のはずれに大正大学があり、本誌『地域人』を毎月発行するとともに、地域人財を育成する「地域創生学部」を一昨年新設し、2年目を迎えている。東京での地域人財養成の専門学部ということで、最近は随分と注目を集めている。

この学部に入った学生はいそがしい。東京と地方を行き来して実習が繰り返され、4年間で6カ月、卒業研究をフィールドで行えば、延べ1年の長きにわたる地方暮らしともなる。

この学部での学びには、東京と地方との行き来がとても大切で、都市と地方の関係性や地域課題について考え、また東京の抱える問題点の解決に地方がどうかかわることができるのかを追究する。実は「地方創生」政策の第一は、人口問題と言われる。出生数をどう増やすのか、子育て支援をいかに進めるのかなどが注目されているが、学生たちは多くの人と交わり、学習を重ねていくことで、体験的に学ぶことになる。人工知能やIoTが主流となる時代のなか、知的感性が養われていくことになる。

学生たちの半数が卒業後、地方に向かい、半数が東京に残って連携を組む。産・学・官・民のどの分野であっても、学んだ財産をもとに交流し、交感する。こうしたことが「東京と地方との共生」ではないだろうか。

冒頭の「座・ガモール」では、この学生たちは単に生産物を販売するだけではなく、歴史のなかで培われた地域の文化を発信し、地域の人々への思いを体得する。奇しくも、巣鴨という土地がある意味、東京と地方との結節点にもなっている。

来年2月には、巣鴨駅前に3号店「神の国から」が開店する予定である。高千穂、延岡、日向の宮崎県北部地域の振興を応援する店である。これに呼応して、延岡市内に3地域の有志（主に観光協会関係者）が出資して、株式会社「神の国から」が設立された。地元からの大いなる協働、情報発信組織が誕生した。

今後、こうした地方と東京をつなげる地道な取り組みは、ますます注目されるようになるだろう。

『地域人』編集・発行人　柏木正博

啐啄（そったく）　孵化する鶏卵の殻を挟んで、雛が中から発する声（啐）と親鳥がそれに応じてつつくこと（啄）。両者の呼吸がぴたりと合うことをいう。絶好の機会。禅宗で、面授の際に師と弟子の意気投合する様子。

*Calligraphy: Nanjo Kashiwagi*

TOPICS & INFORMATION 1

### 食べて学ぶ地域の食イベント

# 南魚沼市とみなべ町のコラボイベントで日本一のお米と梅を堪能！

日本一の米どころである新潟県南魚沼市と、日本一のブランド梅・南高梅の生産地で知られる和歌山県みなべ町のコラボイベントが開催された。多くの来場者に、食を通じて両地域の魅力をアピールする場となった。

文・撮影●編集部

『美女旅』モデルの3名。
左から樋口さん、大塚さん、塩谷さん。

会場では温かいおにぎりが配られ、
参加者は思わず笑顔に。

新潟県南魚沼市は日本一の米どころ、和歌山県みなべ町は日本一のブランド梅・南高梅誕生の地として知られる。この2つの特産品の魅力をPRしようと、両地域がタッグを組んだコラボイベントが、11月12日と13日の2日間、東京都・日本橋にある新潟の特産品の展示・物販施設「ブリッジにいがた」で行われた。

会場で一段と賑わいを見せたのが、南魚沼産コシヒカリと紀州みなべの南高梅を使った〝日本一コラボおにぎり〟の配布タイムだ。会場でアンケートに答えると無料でおにぎりがもらえるという内容で、あっという間に会場は人でいっぱいに。

おにぎりを手渡すのは、3人の『美女旅』モデル。『美女旅』は南魚沼市で誕生した観光パンフレットで、地元を愛する女性たちが地域の魅力を発信する人気のローカルメディアである。2017ミスアース新潟グランプリで南魚沼市出身の大塚椎菜さん、JA魚沼みなみ職員でもある樋口由理子さん、同じくJAしおざわ職員の塩谷彩織さんが、素敵な笑顔で会場を盛り上げ、2日間で550個のおにぎりが配布された。ふっくらと甘味のある南魚沼産のコシヒカリに南高梅のフルーティーな香りが口いっぱいに広がるおにぎりは、来場者からも「おいしい」と人気であった。

また、埼玉県川越市の米専門店「金子商店」の金子真人代表取締役による「お米のおいしい食べ方セミナー」も開催。南魚沼産コシヒカリの魅力と、おいしい食べ方などを参加者にレクチャーした。

このほか、特設フレームや顔に貼れる米粒型シールなどを使って来場者に撮影してもらい、南魚沼産コシヒカリと紀州みなべの南高梅の美味しさをインスタグラムで投稿してもらう「おにぎり食べて〝おいしい笑顔〟コンテスト」も行われた。最優秀賞には南魚沼産

1 みなべ町役場の田中一朗さん（左）と、南魚沼市役所の金井進さん。
2 初のコラボイベントには多くの来場者が訪れた。

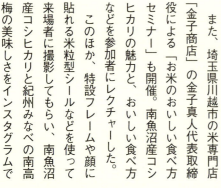

コシヒカリ1年分がプレゼントされるとあって、多くの人が写真撮影に挑戦していた。

2日間のイベントは、小さな子どもから高齢者まで約2000人の来場者となり、大盛況のうちに幕を閉じた。南魚沼産コシヒカリの量り売りや南高梅の販売もあり、来場者がスタッフに地域の食についてをたずねる姿も見られた。

今回のイベントについて、南魚沼市とみなべ町の方に、感想をたずねた。

「みなべ町さんとは、特産品に関する条例をきっかけにお付き合いが始まり、2016年（平成28）には『日本の食文化推進連携協定』を締結し、それぞれの地域が誇る特産品の普及促進に取り組んできました。今回は初めてのコラボイベントでしたが、おにぎりを食べていただいたお客様から〝おいしい〟という声が聞けて最高でした」（南魚沼市役所産業振興部農林課長・金井進さん）

「南魚沼市企画の日本一のお米と梅で握ったおにぎりの配布や、ガラポン抽選会などが、来場者に楽しんでもらえたと思います。これからも日本一の産地がタッグを組んで、日本の伝統的な食文化をPRし、消費拡大につなげていきたいと思います」（みなべ町役場うめ課長・田中一朗さん）

今回のコラボイベントによって、地域の風土が生んだ日本一のお米と梅を、多くの人に知ってもらう機会となったに違いない。

3 特産品やパンフレットなど展示も充実。4 お米は量り売りで販売された。

## みなべ町・小谷芳正町長に聞く

# 日本一の梅・南高梅誕生と梅を活かした新たな取り組み

みなべ町は和歌山県の海沿いにある、人口1万2000人強の静かで穏やかなまちです。梅の生産は日本一で、全国の約3割がみなべ町で生産されています。特に、みなべ町で誕生した「南高梅」という日本一のブランド梅が知られています。

この梅は昔からあった「高田梅」を、県立南部高等学校園芸科の生徒が実習として優良種の選抜に協力し、その地道な調査に携わった教諭や生徒に対する教育的な配慮から、高等学校の愛称にちなんで「南高」と命名したと言われています。

みなべ町では、農家以外にも、梅加工会社に勤める方や運送業など、就業人口の約8割が梅に関連した仕事に就いていますので、梅の出来不出来でまちの財政も大きく左右されます。ですから、役場には「うめ課」を置いて販売促進、知名度向上に官民あげて取り組んでいます。

今、この梅を使って、新しい商品の開発にチャレンジしている方もおられ、例えば、梅の樹皮を染料に使ったネクタイやハンカチ、タオルなども作っていますが好評です。

また梅は塩漬けすることで長く保存がきき、災害用の保存食としても需要が出てきました。乾パンだけでは飽きてしまう。そこで、日本一の梅干しといっしょに食べることで、新たな希望が、だ液と共に湧き出してくるような、そんな役目を期待しています。

南紀は穏やかな気候と人情味あふれる素晴らしいところです。ぜひお出掛けください。

1 みなべ町・小谷芳正町長。生産日本一を誇る、みなべ町の梅を使った商品を手に。2,3 道の駅「みなべうめ振興館」では、梅や梅を使った加工品のほか、みなべ町の農耕の歴史や梅に関する資料展示コーナーも充実している。（写真提供：みなべ町）

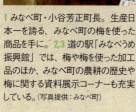

TOPICS & INFORMATION 2

## 写真を通して二つの国の文化を考える

# 写真展を記念したイベントを大正大学内のアートスペースで開催

**大正大学5号館1階にあるアートスペース「エスパス・クウ」ではマレーシアと日本の写真家が参加した写真展を開催中だ。過日行われたオープニングパーティーでは、写真家たち自身が作品に込めた思いを語った。**

文●保田明恵　撮影●編集部

手前から蓮井幹生さん、叶野千晶さん、バイノン・フレニゲンさん、ナナ・サフィアナさん、鈴木麻弓さん、マレーシアのキュレーションを務めたスティーブン・リーさん。

大正大学キャンパス内にある「ESPACE KUU 空（エスパス・クウ）」は、写真を中心とした展示を通し、学生や地域の人々とともに新たなカルチャーを生み出すことを目指して開設されたアートスペースだ。

去る10月6日に、1日から開催中の写真展「Two Mountains Photography Project 2017 キナバル山と富士山―ふたつの山の物語」のオープニングパーティーが行われ、同展に参加したマレーシアと日本の5人の写真家が登壇した。

マレーシア領ボルネオ島北部のキナバル山はアジア最高峰。世界屈指の生物多様性を誇る自然の宝庫だ。一方、日本最高峰の富士山は、古来より霊山としてあがめられ、美しい山容が国民に愛されてきた。両国の象徴的存在である2つの名峰を撮り下ろした写真家たちが、それぞれの山をどのように読み解いたのかが同展の見どころである。

冒頭、同展のキュレーターである太田菜穂子さんから、展示の〝仕掛け〟が説明された。見る人が作品とより向き合えるよう、普通なら作品の下に添えられる説明文をあえてつけなかったという。その代わり、会場の出入口付近に写真家自身による解説を掲示し、作品の意味や写真家の思いを再発見できる展示構成となっている。

次に、参加した写真家たちが作品について説明した。マレーシアの写真家ナナ・サフィアナさんは、高齢男性の部屋の窓から望む富士山といった、人の暮らしと富士山の関係性が窺える作品を発表した。ナナさんは「絶対的で完璧なものとして存在する富士山の周辺にはか弱く壊れやすい人間の生活がある。この2つが調和を奏でるような作品を撮れたらと思った」と写真に込めた思いを語った。

キナバル山を撮影した鈴木麻弓さんは、東日本大震災で行方不明になった父親が残したレンズを使い、写真を通して死者の世界とこの世をつなげる挑戦をしてきた。「写真家として、見えないものを物語にして人に伝えたい」という鈴木さん。「キナバル山に伝わる恋物語があると知り、この山の目に見えない世界、すなわち恋する女性の気持ちを視覚化したかった」と、キナバル山の森の写真の上に、女性が見たかもしれない自然のカットをちりばめた作品を発表した。

駐日マレーシア大使（右）も駆けつけ、祝辞を述べた。

1 太田さん（左）は「マレーシアの写真家は人間や暮らしに視点を向け、日本人は自然界への敬意を持ち、自然の本質を見ようとした」と、写真から浮き彫りになった国民性の違いを指摘。
2 熱心に耳を傾ける参加者たち。

会場からは、「富士山同様キナバル山も、国民に尊敬の念を抱かせるのか」との質問がなされた。マレーシアの写真家たちからは、マレー半島とボルネオ島に国土が二分され、人種も入り混じった同国では、キナバル山への思いも一通りではないとの回答があった。

それを受けて太田さんは、「島国である日本は、どこに住む人々も皆、富士山に特別な感情を持っており、北海道の蝦夷《えぞ》富士をはじめ日本各地に〝富士山〟がある」と、マレーシアとの違いを考察。「二つの山の写真を見ながら、異なる文化の在り方を考える場となった」と、この日を締めくくった。

同展は12月24日まで開催され、来年春に富士河口湖町で、夏にはクアラルンプールでの拡大巡回展も決定した。こちらもぜひ訪れて欲しい。

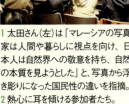

TOPICS & INFORMATION 3

1 左から、平和酒造・山本典正代表取締役専務、堀河屋野村・野村圭佑十八代当主、みやじ豚・宮地勇輔社長、Rose Universe・國枝健一代表取締役。2 地方工場に勤務する若者の面々。客席の約半分は20代前半の若者で埋まっていた。

## 地方から生まれるクリエイティビティ

# ファクトリエ主催 工場サミット2017

「メイド・イン・ジャパン」の商品を、全国の工場と連携し適正価格で販売するブランド「ファクトリエ」が、地方の工場と都会の若者をつなぐイベントを開催した。

取材・文・撮影●今田 壮（風来堂）

10月28日、東京・麹町で開催された「ファクトリエ工場サミット2017」。全国50のファクトリエ提携工場からゲストを招き、地方工場の最新事情と未来についてトークセッションが行われた。今年で4回目となる同イベントは未来の職人である学生と作り手たちの出会いの場となることを目指しており、この場がきっかけで工場に就職した学生もいるという。

ファクトリエの提携工場7社の幹部が並んだセッションでは、各メーカーならではの技術や開発方針などが語られた。愛知県一宮市の今枝メリヤスのように、今や希少な旧式機械にこだわる老舗もあれば、平成創業ながら世界25カ国に輸出する岡山県倉敷市児島のジャパンブルーのように、シルエットや素材などのセンスで群を抜く新興企業もある。セッションでは各企業それぞれの「オンリーワン」が語られた。

地域に根差し、そこでしか生まれない付加価値を発信し、世界から認められる技術でものづくりを続ける工場の話には、製品開発や販路など、中小規模で戦うための技術面以外の創意工夫が見られた。これらはアパレル以外のものづくりの現場でも求められることだろう。

その意味で興味深かったセッションが、酒造、味噌・醤油の蔵元、養豚農家、バラ農家という異業種4名によるもの。いずれも「家業」的色彩の強い業種の30代の若手が壇上に並んだ。

日本酒の酒蔵がクラフトビールを開発したり、大学生の新卒採用を開始したりと、地に足が着きながら、同時に自由な発想で新たな挑戦をする各企業の取り組みが語られた。アイデアを具体化する実践者のエピソードには、多くのヒントが詰まっていたといえる。

次に、20代～30代の若手によるセッションが行われた。題して「地方工場へ就職した若者がリアルに思うこと」。

登壇したのは千葉、長野、愛知、岡山で働く4名で、職種は企画、デザイン、製造ラインの現場とさまざま。都会からのIターンや地元採用など、現在に至る経緯やプロフィールも異なるが、誰もが共通して挙げたのは、できなかった仕事ができるようになった時の楽しさ。都会のオフィスでのデスクワークと異なり、成果が目に見えることが、モチベーションに繋がっているのだろう。

社長や工場長、現場のベテラン職人によるトークを聞く機会は比較的多いが、入社数年の若手の本音を聞ける機会はなかなかない。とかく派手に語られがちなアパレル業界の「現場」の話は、これから同業界や地方での就職を考える学生たちにとって、非常に有意義だったに違いない。

3 会場内では参加企業の製品も展示。実際に触ってみることも可能。4 提携工場の一つ、葛利毛織工業の生地。1912年（大正元）創業、旧式の国産織機を今も用いている

# 価値ある大学づくりをスポーツの視点から考える
# 大学スポーツ推進フォーラム開催

大学スポーツは今、大きく変わろうとしている。その現状と課題を見つめ、ディスカッションする場として大正大学で「大学スポーツ推進フォーラム」が開催された。

文・撮影●編集部

文部科学省・スポーツ庁は、今年3月、国内の大学スポーツを統括する「日本版NCAA（※）」を来年度中に創設する方針を発表した。変革期にある大学スポーツの現状を知り、意見を交わすための場として、10月21日、大正大学で「大学スポーツ推進フォーラム」が開催された。ファシリテーターは同大人間学部・山本雅淑教授。

最初に、スポーツ庁参事官付地域スポーツ振興調査官の渡邊伊織さんが、大学スポーツをめぐる状況やスポーツ庁の施策などについて話した。日本は学生アスリートや指導者、施設など豊富なスポーツ資源を有しているが、運動部活動は学生中心の課外活動とみなされている側面があり、大学の関与は限定的な場合が多い。スポーツ庁が行った大学へのアンケートでも、73％が「運動部に特化した学習支援が必要」と回答しており、多くの大学が学業とスポーツの両立を課題と捉えている。

奥から花内誠さん、小林勝法さん、小山嚴也さん、松本直樹さん（関東学院大学）、坂元昭一さん。ディスカッションでは質疑応答も活発に行われた。

日本版NCAAの創設によって、学生アスリートに教育・社会・スポーツの面からバランスの取れた環境を提供できるようになるだろう。渡邊さんは「学産官連携の協議会の開催のほか、9月には『大学スポーツ振興の推進事業選定大学』を8校選ぶなど、推進のための取り組みを進めている」と語る。

続いて、株式会社電通・スポーツ局スポーツ2部長の花内誠さんが登壇し、大学スポーツ振興の必要性を話した。花内さんは、大学スポーツの推進には、スポーツを「する」「みる」「支える」の循環が不可欠だと指摘する。米国では、大会を学内で開催することで学生が観戦しやすく、大学の指導者やボランティアスタッフ、OBによる寄付など支援面も充実していると報告。「まずは年に1回でも、学生が学生を応援する『カレッジスポーツデイ』を開催し、その年間客数を一つの指標としてはどうだろうか」と提言した。

続いて、文教大学教授・全国大学体育連合専務理事の小林勝法さんが「スポーツによる大学づくり」について講演を行い、「大学コミュニティの形成には大学スポーツ改革が不可欠」と話した。次に事例紹介として、関東学院大学の小山嚴也副学長、明治大学スポーツ振興事務室の坂元昭一事務長が、各大学で進められている取り組みを紹介。最後は、山本ファシリテーターのもと、登壇者と参加者による「スポーツ振興の取り組みと課題」をテーマにしたディスカッションも行われ、互いに意見をかわし合った。

大学スポーツは、母校へのロイヤリティの醸成や人材育成だけでなく、地域コミュニティの活性化にも寄与することは確かだろう。関係者や有識者が協力し、推進の動きが高まることを期待したい。

1「学生アスリートの学業環境への支援や、部活動の安全面の確保、責任体制の見直しなど、課題は多い」と話す渡邊さん。
2 会場には大学関係者をメインに、多くの参加者が集った。

（※）全米大学体育協会（NCAA＝National Collegiate Athletic Association）。規則の管理やチャンピオンシップの運営、教育プログラムの提供、会員の財務システムの管理や研究の実施などを行う。本部はインディアナポリスで職員は約500人。

TOPICS & INFORMATION 5

アライアンス・フォーラム財団主催

# 2017ワールド・アライアンス・フォーラム東京円卓会議開催

原丈人氏が提唱する「公益資本主義」を実現するための、現行の制度の改革、新たな経営指標の検証、経営者の養成などについてディスカッションする会議が開催され、熱心な議論が繰り広げられた。

文●編集部　撮影●河野利彦

本誌27号の巻頭インタビューにご登場いただいた原丈人氏が代表理事を務めるアライアンス・フォーラム財団主催の東京円卓会議が11月9日、日本橋三井ホールにて開催された。

原氏が提唱する「公益資本主義」の3原則、中期的投資、社中分配、起業家精神による改良・改善を、さらに深化させるための議論が3つのパネルディスカッションと活動報告・問題提起を通して、熱心に行われた。13時の開会の辞の後、日本医師会の横倉義武会長をはじめ、自民党の岸田文雄政調会長のメッセージ（代読）、下村博文衆議院議員ら来賓のスピーチに続き、原代表理事の基調講演、そして活動報告・問題提起と2つのパネルディスカッションが、途中休憩をはさんで熱心に繰り広げられた。

そして、最後の総括セッションでは、関西経済連合会の松本正義会長、関西経済同友会の鈴木博之代表幹事、早稲田大学法学学術院法学部の上村達男教授らが、原代表とともに「2018年政策提言に向けたアクションプラン」をディスカッションして、18時に閉会となった。ここでの議論をもとに、制度づくり、人づくりへ、日本初の「公益資本主義」が動き始めている。

1 原丈人代表理事による基調講演：「公益資本主義」長期経営戦略。2 政界、医師会からの来賓とパネリストなどが登壇。3 パネルディスカッション：四半期決算開示義務廃止に向けたロードマップ。会場は満席。

TOPICS & INFORMATION 6

日本が誇る巡礼の道を世界に

# 四国遍路の歴史と魅力を知る

世界遺産登録を目指す「四国八十八箇所霊場と遍路道」。その歴史や信仰、活動を多角的に紹介した書籍が発売された。

文●編集部

弘法大師空海ゆかりの霊場寺院八十八箇所を巡礼し、四国を一周する四国遍路。約1400㎞の道を歩く世界に類のない回遊型の巡礼道で、遍路を支える「お接待」という独特の文化が現在も続く。四国4県では産学民官一体となり、四国遍路の世界遺産登録を目指している。

その歴史や魅力を紐解く『四国遍路を世界遺産に』が、11月9日、株式会社ブックエンドから発行された。編著者は法政大学名誉教授・五十嵐敬喜氏、兵庫県立人と自然の博物館名誉館長・岩槻邦男氏、日本イコモス国内委員会委員長・西村幸夫氏、世界遺産委員会議長・松浦晃一郎氏。

本書は「四国遍路の歴史と概要」、編著者4名と鳴門教育大学の大石雅章副学長による「座談会」、「遍路をめぐる信仰と文化」、「世界遺産登録に向けて」の4章で構成されている。

大正大学地域構想研究所の古田尚也教授も執筆に参加。米国のアパラチアン・トレイルや信越トレイルなどと比較し、ロングトレイルとしての四国八十八箇所巡りの可能性を探る。

ロングトレイルや巡礼道が世界中で注目されている昨今において、本書はその魅力や求心力を理解するための一助になるはずだ。

『回遊型巡礼の道
**四国遍路を世界遺産に』**
五十嵐敬喜、岩槻邦男、松浦晃一郎、西村幸夫 編著
ブックエンド
●1,800円+税

AREA MAGAZINES

## 地域資源を県外へ紹介する、地元愛に満ちた誌面

# 『山梨てくてく』

**山梨県に根付く職人技や歴史などの地域資源を県外に向けて発信している情報誌『山梨てくてく』を紹介。**

文● 佐藤壮広

ほのぼのとした誌名の『山梨てくてく』は2015年に創刊。てくてくと歩く速さで地域資源を県外へと紹介するというのが基本方針。発行元は山梨県広聴広報課、制作は山梨日日新聞社で、メディア連携もスムーズだ。

山梨県は、富士山、ワイン、ジュエリーなど、自然・産業・文化資源が実に豊富。創刊号からこれまでの特集ラインアップには、「甲州ワインの魅力と歴史に迫る。」、「富士につながる織物の道を訪ねて。」など、県外の人が「ほーう、なるほど」と思わず唸るような記事ばかり。地域をじっくり歩くことで、足もとの価値はいくらでも掘り起こせる。地元愛に満ちた誌面が、ひと際あたたかく感じられる。

最新第9号の特集は、「小さな空間に広がる奥深き印章の世界」。山梨の「甲州手彫印章」は、2000年（平成12）に経済産業大臣から伝統工芸品の指定を受けた、職人技が光る名産品だ。印章がその人自身を証明するものと考えるのは日本の文化ならではだが、だからこそ職人の手作業が活きてくる。ある職人は、唯一無二の印章を作るために、注文した客と直接会い、人となりや佇まいまで確かめるのだという。非常に興味深いものづくり文化である。

一方、伝統を守りつつ、創意工夫を重ねる企業もある。1983年（昭和58）にペンの頭に印鑑が付いたネームペン『スタンペン』を開発したのが地元の谷川商事。「新しいもの、良いものをつくろう」というのが、社のモットーだ。

### 山梨県各地の歴史と風情を伝える

また同誌には「てくてく甲斐のくに」という連載があり、甲州街道や近辺の駅をてくてく歩きながら地元情報を紹介している。第9駅目で紹介されている甲斐岩間駅は、はんこの産地の市川三郷町六郷地区にあり、駅のロータリーには大きなはんこのモニュメントが置かれている。また町内には印章資料館もあり、印面2m、重量3tの日本一の巨大はんこが展示されているとのこと。元々この地では足袋の製造・販売を営んでいたが、その時に得た販売ルートが明治以降に本格化した印章の製造・販売へと継承され、現在に至る。

同誌は印刷紙にも気配りしており、山梨県有林の木材から作られた紙を使用している。そのような点も、ほのぼのとした温もりを感じさせる。

**『山梨てくてく』**
- 発行サイクル 年4回
- 発行エリア 東京都
- 発行部数 1万部
- ページ数 20ページ
- 媒体の主な内容 山梨県の地域PR
- 発行元 山梨県広聴広報課
  山梨県甲府市丸の内1-6-1
  055-223-1339
  http://www.pref.yamanashi.jp/
  ※HPではPDF・デジタルブックをご覧いただけます。

# 真の勝ち組は都心か地方か　都道府県間における格差の実態

東京、大阪、福岡などの都市の中心圏から電車で移動してみれば、周辺地区とのインフラや景観、景気動向の違いが如実にわかる。通勤電車の窓の外を眺めては、「ああ、やっぱり〝格差〟ってあるよね」と思う。本書は客観的データをもとに都道府県の個性を浮かび上がらせ、「地域ごとに〝格差〟はあります」と述べる。だが、各指標は各自の判断の材料でしかないという点もたびたび強調している。

北陸の福井県は「幸福度1位」の自治体だ。正社員比率は全国3位、女性労働力率全国1位、待機児童率ゼロ、小中学生の学力偏差値全国1位など、輝かしいデータを誇る。ところが、文部科学省が行った「地域の生活環境と幸福感についてのアンケート調査」（2010年実施）によると、上位は兵庫県と熊本県で、福井県民の主観的幸福度はなんと全国で35位という結果に。その土地で暮らしている人が幸せだと思えなければ、それは幸せとは言えない。「幸福」とは何かというシンプルで大きな問いに、われわれはもう一度立ち返らざるをえない。

大学進学率、婚姻率、学童保育設置率、貯蓄率、失業率など、客観的データをじっくり眺めてみれば、地域の個性が見えてくる。これは、人をいろいろな角度から理解することと同じ。友達を探すように、これからの暮らしやすい地域、自分にとっての幸せを探すヒントを提示してくれるデータ集。

**『都道府県格差』**
橘木俊詔 監修・造事務所 著
日経プレミアシリーズ
●850円+税

AREA CREATION BOOKS

文●佐藤壮広　撮影●河野利彦

# スナックを学術的に研究　新たな地方創生論

画期的な本が出た。本書は、2015年に結成された「スナック研究会」のメンバーによる共同論集であり、サントリー文化財団による研究助成の成果。

もちろん「スナック研究序説」の文言は、決して〝釣り〟ではなく、スナックの歴史、法制度との関わり、社交空間としての意義など、学術的にスナックの世界に斬り込んでいる。

かつて『明治大正史　世相篇』の7章「酒」で、生真面目な柳田國男は「酒の濫用」を戒め、家の外にあるスナックのような束の間の「社交」に批判的まなざしを向けた。しかし、本書はそこに「都会的帰属」（マイケル・イグナティエフ）や「サードプレイス」（レイ・オルデンバーグ）などの、都市コミュニティにおける新しい共同性を読みとっている。巻末の索引には、政治学者・神島二郎、全日本スナック連盟会長のタレント・玉袋筋太郎、作家・永井荷風、国学者・本居宣長、民俗学者・柳田國男ら名を連ねる。ここからも、本書がとてもユニークな風俗文化論であることがわかる。

公共圏は昼夜を選ばない。ならば夜も研究をという心意気も素晴らしい。「夜の街のママやマスターたちに、わが国が誇る独自の文化の担い手として、誇らかな自信を持ち元気になってほしい」というのが、本書の一番の願いだという。全国各地の社交街や飲食店会の皆さん、この本は〝買い〟です。

**『日本の夜の公共圏 スナック研究序説』**
谷口功一・スナック研究会 編著
白水社
●1,900円+税

JCI

政策AWARDS 2017 最優秀グランプリ
Peace Project部門賞

# 地域で子どもを見守る〝共生食堂〟を運営

## 公益社団法人久喜青年会議所「みんなのいえ」プロジェクト

「政策AWARDS 2017」で最優秀グランプリに輝いた「みんなのいえ」プロジェクト。中心メンバーである3人に話を聞いた。

聞き手●中島ゆき（大正大学地域構想研究所研究員）　構成●保田明恵　撮影●編集部

日本青年会議所による「政策AWARDS」は、全国の青年会議所（以下JC）が展開する事業の名誉を称え、全国に広めることを目的とする褒賞制度だ。

今年の最優秀グランプリには、どの地域でも取り組みができ、地域の幸せに貢献できる点が評価され、全420のエントリーの中から埼玉・久喜JCの「みんなのいえ」プロジェクトが選ばれた。

みんなのいえは今年6月、埼玉県久喜市にオープンした、「子ども食堂」「学習支援」「地域交流」の3つの機能を併せ持つユニークな施設だ。

事業を始めたいきさつを、同プロジェクトの委員長を務める林欣也さんはこう振り返る。

「久喜JCのメンバーが夜遅く、外でパンを食べる幼い兄弟を見かけたそうです。話を聞くと母子家庭で、お母さんが仕事からまだ帰らないとか。子どもだけで食事を取るいわゆる〝孤食〟で、栄養不足も心配でした」

地域の小・中学校にヒアリングしたところ、家に自分の部屋や勉強机がない子が多いこともわかった。貧困とそれが招く孤独や学力低下。日本で叫ばれている子どもを取り巻く問題は、地元久喜市でも思いのほか深刻化していた。

「そこで、子どもに食事を提供する『子ども食堂』に加え、勉強も支援し、子どもを見守る地域コミュニティとしても機能する場をつくろうと決めました」と同JCの岡安正知理事長。

地域の力を引き込み、子どもの問題解決を図る。同JCが〝共生食堂〟と呼ぶコンセプトが誕生した瞬間だった。

土地と建物は、移転で空き家になっていた保育園跡を持ち主から無償で借りることができた。そして、メンバーの手でペンキを塗るなどして内装を施し、水回りも修理するなどリフォームを行った。

「実際に子ども食堂を運営している人からレクチャーを受けるなど、ゼロからのスタートでした」と、当時を振り返る岡安さん。だがニーズの高さを肌で感じ取れたことが励みとなった。

「特に学校関係者には、『こういう場所があると助かる』と言われ、全校にちらしを配布してくれるなど協力的でした」（林さん）

1

2

1 平均来園人数は40～50人と、全国の子ども食堂と比較しても多い。2 無事オープニングを迎え、喜びを分かち合う久喜JCのメンバーたち。

## 食材はフードバンクや地域の人からの寄付等で賄う

みんなのいえは週1回、金曜日に開催される。開園は18～22時。子どもはもちろん大人も利用可能だ。食事は小・中学生は無料、大人は300円。調理室で手作りされる温かい料理を食卓に並べて、みんな一緒に賑やかに食べる。

運営業務は同JCのメンバーが交替で行い、すべてボランティアが担っている。

「献立の作成や調理も自分たちで行います。食材はメンバーが持ち寄ったほか、当JCの先輩からの協賛金で購入したり、規格外品を食品会社から無償で提供してもらう、いわゆるフードバンクも利用。地域の方から寄付していただくこともあります」と説明するのは、みんなのいえの園長を務める竹下学さんだ。

食事の前後は、大人に見てもらいながら宿題をしたり、園庭や交流室で友だちと遊んだりと自由に過ごす。調理や学習支援などをサポートするのは、地域の一般ボランティアたち。大人が出入りすることで、みんなのいえが目指す地域交流になっているという。

「ボランティア以外の人にも立ち寄ってもらうのが目標です。地域に知っている大人が増えれば犯罪抑止になり、子どもたちも心強いはずです」（竹下さん）

事業に賛同してくれた高校の先生からは、「生徒をボランティアに派遣して、ぜひ地域貢献させたい」との声も上がっているという。

地域の人々をどんどん巻き込みながら、みんなのいえは大きく成長しようとしている。

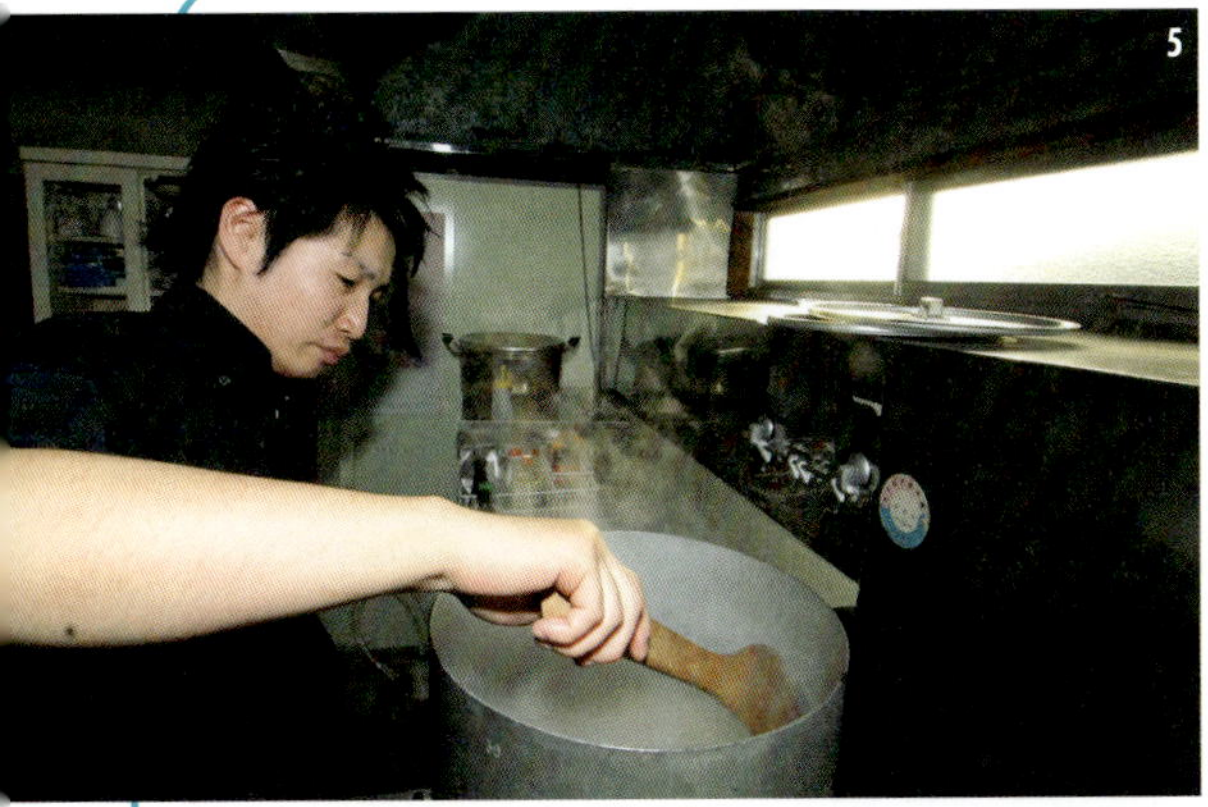

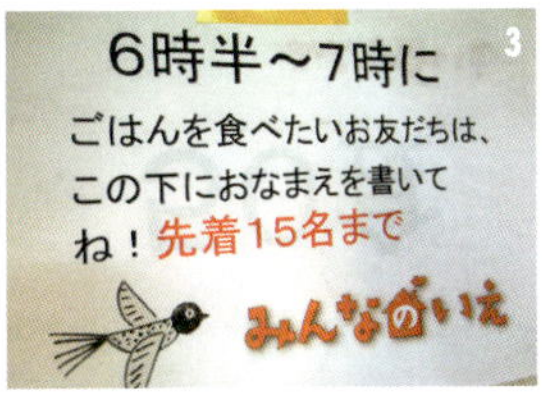

3 食事は収容人数の関係で3部制に。4 手際よく盛りつけ作業を行う。5 メンバーは、仕事時間を調節して助け合いながら調理。6 調理を行う人もすべて地元のボランティアだ。7 野菜もたっぷり、栄養にも配慮したカレーライス。

8 庭園では月に1回、さまざまなテーマでイベントを開催している。この日は、みんなで協力して課題をクリアするイニシアティブゲームなどを行っていた。9 学習室で宿題に取り組む子どもたち。広いスペースでノートを広げられるのがうれしいという。

### プロの料理人が惜しげなく腕を振るうからおいしい!

献立やレシピを考案し、調理場を仕切るのは、飲食店を経営する久喜JCのメンバーたち。「自分の店がアイドルタイムになる午後の時間にみんなのいえに来てくれます、寿司職人がうどんをつくることもあるんです（笑）」（林さん）。

この日のメニューはカレーライス。〝料理長〟を務めるのはステーキ店の経営者だ。4人で作業を分担し、じゃがいもの皮をむいたり、焦げつかないよう注意しながら大鍋でルーを煮込んだりして、約60人分を完成させた。来園する人数がわからないので、料理は毎回多めにつくるとのこと。これまで足りなくて困ったことはなく、余った場合はメンバーが代金を払って食べるため、廃棄することはないという。

久喜青年会議所
2017年度理事長
岡安正知さん

久喜青年会議所
40周年特別委員会委員長
林 欣也さん

久喜青年会議所
2017年度副理事長
竹下 学さん

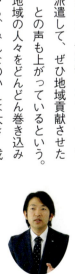

# 十人十心

## 精神科医の診た現在《いま》

地域の一角に開く精神科クリニックに通う
患者さんのこころ模様を通じて、
地域に生きる人々の在り方や
時代の動きを描き出すエッセイ。

野田文隆
大正大学名誉教授、めじろそらクリニック院長

第27回

# （死の臨床）

*Fumitaka Noda*
1948年宮崎県生まれ。
東京大学文学部、千葉大学医学部卒。
東京武蔵野病院精神科に勤務し、
同院社会療法部長、大正大学人間学部教授を歴任。
専門は多文化間精神医学。
大学退任後の2014年、めじろそらクリニックを開業し、
数多くの外国人の精神科診療を行っている。
監訳したケンブリッジ大学出版の本
『移住者と難民のメンタルヘルス』
（明石書店）が発売中。

まだ研修医だった頃、総合病院で外科のローテーションに入ったことがある。そこで私は、数多くの末期のがん患者さんと触れ合った。末期のがん患者さんには、外科医としてはなすすべがない。そこで精神科の研修医である私に白羽の矢が立ち、いわゆるターミナルケアをするように指示された。まったくそういう経験がなく精神科医としても駆け出しだった私は、どうしていいのかわからず、手探りで「死の臨床」というものを学んだ。

### 苦しく死んでいくこと

その頃は患者さんにがんの告知をしない時代だった。主に家族が「伝えると本人が動揺するから伏せておいてください」と医師に頼み、本人も「自分の病気は、本当は何か」ということを聞かなかった。なので、胃がんであれば胃潰瘍と言ってごまかしていた。どんどんと病状が進行して具合が悪くなっていくと、本人は「どうしてよくならないのか？」と医師にも家族にも聞く。たいていみんなが、「きっとよくなりますよ」というような言い逃れをしていた。でも、それが毎日になると、医師は辛いので患者さんとできるだけ会わないようになり、家族も言い訳の通じない苦しさに悩むようになる。もし告知されていたならば、家族と患者さんはもっと穏やかな最期の時間を過ごせるはずなのに、そういう時間を持てないまま、お互いに苦悶の中にありながら死を迎えることになった。瀕死の状態になっても伝える方がいいのではないか、まだ残された時間はあるのだからと家族を説得しても、概ねノーだった。「伝えると本人が動揺するから」という家族の気持ちは、実は家族が「がんで死ぬ」という事実を受け止めかねていたからの表現だったろうと思う。私は、当時からがんは本人に告知をしたほうがいいと考え、何度も外科医にも進言したが、その頃はまだ、がんは「死に至る病」だったので、どの外科医も告知には消極的だった。

がんの治療技術が格段に進歩し、がんは必ずしも「死に至る病」でなくなった現在、告知は積極的に行われるようになっている。「治るはずなのに、なんで俺は死ぬのだ」という苦悶の表情を浮かべて臨終を迎えた人をたくさん診てきた私としては、いい時代になってきたと思う。ただ、告知されることと、告知された本人が事実を受容でき

るのかということは別の問題である。

## 死への段階とは

『死ぬ瞬間』という本を書いたエリザベス・キューブラー・ロスという精神科医がいる。当時ベストセラーになったこの本を私は何度も読んだ。この本の意義は、今まで医学の及ばない領域と考えられた死について本格的に研究したことと、死にゆくプロセスを5つの段階として考察したことだった。この本がサナトロジー（死生学）という領域を大きく進歩させた。ロスは、人が死に直面すると、心理的な5つのステップをたどっていくという。

**第1段階：否認と孤立**

自分の余命がわずかである事実に遭遇すると、頭ではそれを理解しようとするが、感情的にその事実を否認しようとする。「何かの間違いだ」と思い続けたいため、治療を薦めたい周囲と対立し、孤立してしまう。あるいは引きこもってしまう。

**第2段階：怒り**

自分が死ぬという事実は認識できた。しかし、「どうして悪いことをしていない自分がこういうことになるのか」などの怒りが噴出してくる。「なぜ、自分が?」という、死に選ばれたことへの強い反発が起こってくる。

**第3段階：取り引き**

次の段階は、信仰心がなくても神や仏にすがり、死を遅らせてほしいと願う。死ぬことはわかったが、あれこれすることがあるから少し待ってほしいと「取り引き」をしようとする。こういう時期は、墓の向きを変えたり、霊験あらたかという高価な壺を買ったりする。何かにすがりついて、死を先延ばししたいと思う時期である。

**第4段階：抑うつ**

「これだけ頼んでもだめか」「神も仏もないか」と、死が避けられないことを悟る時期。絶望に打ちひしがれ、抑うつ気分に覆われる。虚無感と無力感に支配される。

**第5段階：受容**

生命が終わっていくことは自然なことだという気持ちになり、いろいろな葛藤に抗うことなく、自分の人生の終わりを静かに見つめることができるようになる。

この段階のありかたも、必ずしも順番ではなく人によって前後する。また、本当に受容に至れるかどうかも人によって違う。少なくとも私が昔診ていた人々は、抑うつの段階まであっても受容はなかった。

実は受容に至るには、誰かの支援が必要である。死と向き合う孤独を理解し、怒りや取り引きの時期を受け止めてあげ、抑うつの時期には寄り添い、どこかで慫慂《しょうよう》して死に向かう気持ち（受容）を誘導してあげることである。それは家族であり友人であったり、時には医師や看護師であったりする。今、医学は治すことだけが重要なのではなく「看取り」も同等に重要だと思われる時期に入ってきている。その時、精神科医の介入も必要とされるのである。

＊

ターミナルケアは、地域の重要な仕事の一つである。「家で死にたい」という素朴な気持ちを受け止め、地域から送り出すことができてこそ、命を見つめた素敵な地域と呼ばれるのであろう。

イラスト●霜田あゆ美

ふるさとと神仏のゆくえ ㉘

島薗進
上智大学グリーフケア研究所所長
東京大学名誉教授 大正大学客員教授

# 「自分が変わる」と「仏性礼拝の生き様」

一九五九年七月、母トシが水俣病に罹患していることが分かって村八分にあい、苦しい生活を強いられた茂道の網元、杉本家の栄子がいかにして分断を超えていく生き方を見出していったかに注目している。

その年の一二月、栄子は雄《たけし》と結婚した。そして、三度の流産を経て、一九六一年には長男を授かり、六八年までに五人の男児を授かった。だが、その間に自分自身も、父の進も夫の雄も水俣病を発症した。ある日、船着き場に向かう石垣を歩いている最中、突然始まった痙攣によって岩場に滑落し、腰骨を折ってしまう。

> これによって一生子供を産めない身体になった。そして、次々に襲ってくる手の痺れや痛みによって、下着の着替えも一人ではできなくなった。便所に行っても自分の尻を一人で拭くことさえできない。雄が不在のときは、なんとまだ一歳の実（一九六六年生まれの四男——島薗注）が栄子の下着を穿《は》かせたり、尻を拭いてくれたりするのである。（藤崎童士『のさり—水俣漁師、杉本家の記憶より—』、新日本出版社、二〇一三年、一三四頁）

やがて杉本一家は、ほとんど漁に出ることができなくなり、家計は破綻に瀕することになる。

六八年九月、政府はようやく水俣病を公害と認定する。患者互助会は五九年に結ばれた「見舞金契約」を白紙に戻し、六九年六月、チッソを相手取った訴訟に入る。原告四一人の一人に杉本進がいた。『のさり』は当時の進の心境を次のように伝えている。

「これは自分が引き起こした病気じゃいよ。なんじゃいわからんばってん、自分がいじめられるのはよか。ばってん、これから先、孫たちがこげんいじめば受けることは堪え難か。こげんつらか目に逢うより思い切って裁判ちゅうとばしてみようかい」（一三九頁）

それから数週間後に進は死亡する。六三歳だった。『のさり』によれば、「生前の進は、譫言《うわごと》のように毎日こう繰り返していたという」。

> 病気に罹《かか》ってきつか　死んでも死にきれんほど辛か／いいか、水俣病は〈のさり〉と思え　人のいじめは海の時化《しけ》と思え／こん時化は長かねえ　だけど人は恨むなぞ　時代ば恨め　わらは網元になるとじゃって人を好きになれ　そして漁師は木と水を大事にせんばんぞ／（中略）だっとん（誰）が悪かか、裁判が白黒つけてちくる　くたばらずにやれ　人をのろうてん、会社の悪口いうてん、なんもならん／十年経ちゃ本当こつはわかる　それまで家族の気持ちがバラバラにならんごつ、人に騙されてん、人を騙さんごつ……（一四二頁）

*Susumu Shimazono*

1948年生まれ。東京大学大学院
人文科学研究科博士課程単位取得退学。
主な研究領域は、比較宗教運動論、近代日本宗教史、死生学。
著書に『国家神道と日本人』
『宗教ってなんだろう?』
『宗教を物語でほどく』ほか。

このしばらく後に、杉本栄子は仏教系の新宗教、立正佼成会に入会し、法華経による先祖供養の実践を始めた。

このことを示したのは、立正佼成会の教育部門で要職を担っていた篠崎友伸氏である。篠崎氏は「いい『つながり』―水俣地元学へ―」（『国際宗教研究所ニュースレター』第六五号、二〇一〇年一月）で、杉本栄子の「体験説法」の記録を紹介し、それを見出すに至る経緯についても述べている。

二〇〇九年、水俣へのエコツアーに参加した篠崎氏は、水俣地元学の創始者である吉本哲郎氏から、「水俣病問題で苦しんだ水俣が、過去の正負の物語を丸ごと受け入れ、住民協働で環境に特化して行動し元気を取り戻した中から生まれたのが地元学」との説明を受け、感銘を受けた（四二頁）。

中でも篠崎さんの心を打ったのは、杉本栄子のことだった。杉本さんの「人様は変えられないから自分が変わる」、「人様を恨まない」などの言葉に、「仏性礼拝の生き様が見えた」。そこで間もなく、東京杉並の立正佼成会本部大聖堂で、水俣地元学と杉本栄子の生き様について話をした。ちょうどそこに水俣の立正佼成会の幹部が来ていて、杉本栄子の一九八五年の「体験説法」の資料を見せてくれた。その偶然に不思議な符合を感じたという。

栄子が立正佼成会に入会したのは一九七二年の五月のことだった。「ある朝方私は夢を見ました。仏様の使ひだと云ふ方が枕辺に現はれて〝あなたを救ひにきました〟と申されます」ちょうどその日の夕方、立正佼成会熊本協会の二人が「お導き」に来た。亡くなった父の供養を勧められ、栄子はすぐ入会した。

> しかしそれからが大変で朝夕のご供養も経典をめくる手が働きません。座る事も出来ない私は床に横になったまま一頁一頁開いてくれる主人の手を借り文字を眼で追ふ苦しさで頭痛はひどくなり頭は割れんばかり。経典を読むと云っても声は出ず口をパクパクさせつまってしまふ私に、導きの親の関さんは毎日峠を越え、自転車で通って来て下さいまして、私の母の事から、同じ水俣病で亡くなられた方々の戒名を頂く様にとご指導を頂き、次に私の回りにいた豚や猫犬鳥魚をはじめとする海のいただきものたち、自分にまつわる生類に対するご供養をかかさない様にとご指導頂きましたが身動き出来ない私には大変な修行でした。（四五頁）

この体験談は立正佼成会のスタイルに合わせて語られたもので、これをすぐに当時の栄子の考えを直接に反映したものと受け取らない方がよいかもしれない。だが、確かなことは、栄子が立正佼成会の教えに共鳴し、三〇代の半ばから四〇代の大半に法華経による先祖供養の実践に取り組む時期があったことである。

「自分がかわっていけばよかがね」とか「水俣病は〈のさり〉と思え」という父の言葉から栄子が自分の生き方の支えとなるものを受け取ったのはそのとおりだろう。だが、それとともに、立正佼成会が教える「懺悔」や「仏性礼拝の生き様」も助けになったと思われる。新宗教が現代的な言い回しで伝える日本の神仏信心の伝統が、水俣の「もやい直し」の先導者を支える力となったと見てよいだろう。

イラスト●水上多摩江

直言！今月の地域構想

# 「地域おこし」は「心おこし」

清成忠男
*Tadao Kiyonari*
1933年、東京都生まれ。
大正大学地域構想研究所所長。
事業構想大学院大学元学長。
法政大学元総長・理事長。
地域研究の第一人者。

## 「シマおこし研究交流会議」

いま逆境ともいうべき状況にある地域が増えている。あらためて地域創生が問われているのである。

地域の変革については、40年前の「シマおこし」を想い出す。沖縄の西表島で、青年たちが提唱した言葉である。シマは島ではなく、地域共同体を指す。「おこし」は内発的な心情を表す。いわば「心おこし」である。沖縄では伝統的に使用されてきたという。

当時、本土復帰とともに、沖縄では地域振興が課題となっていた。国や県の計画では、企業誘致が地域振興の切り札とされていた。だが、企業誘致はほとんど実現せず、まさに内発的な地域振興が求められていた。「シマおこし」は心の底からの叫びであった。もちろん、当時、本土の各地においては、Uターンした青年たちによる地域振興が興っていた。

われわれは、全国から地域振興に成功した人財を沖縄に招き、交流の会議を行った。「シマおこし研究交流会議」という名称で、石垣島と西表島で3年間続けた。さらに、宮古島でも開催し、後に読谷村《よみたんそん》など基地の町でも開催された。

交流会議では、単なる地域振興のノウハウにとどまらず、志が重視される。何のために、誰が、どのように地域の人々を結集するかが問われたのである。志の明確なリーダーが不可欠であり、共通の「心おこし」が必要であった。地域振興は、運動という側面を有していた。地域に志を広げる運動である。

## 会議の成果

会議は、自ずと各地に広がった。成果は、何よりもまず人財の交流である。多様な経験を有する人財の接触は、両者に知的摩擦を引き起こす。それが新しい知的創造につながる。テーマを決めて議論することも可能だ。しかも、一過性の交流にとどまらず、交流は多様な形で持続する。1970年代に、そうした交流のネットワークが自ずと広がった。

1983年1月、われわれは大分県安心院町《あじむまち》（現宇佐市）で「村おこしシンポジウム」を開催した。参加者は、一村一品運動に参加している青年たちである。当時、大分県の平松守彦知事が一村一品運動を提案していたが、具体性に欠けていた。このシンポジウムにおける草の根の議論を通じて一村一品運動の視点が明確になったのである。その際、議論の有力な素材になったのが、沖縄の「心おこし」であった。

そして、1986年1月、第2回の「村おこしシンポジウム」が開かれた。数年の間に心おこしの動きが一村一品運動と連動し、県内に「おこし」ブームが広がった。

しかも、「おこし」ブームは大分県を越えて短期間に全国に広がった。表現も多様化した。「地域おこし」「町おこし」「産業おこし」などがその例である。メディアも政府も、「○○おこし」という表現を用いることとなった。今日では、広く日常的な用語となった。沖縄から大分を経由して、この言葉を使い始めた筆者としては、まさに感慨無量である。

## 心おこしのサポート

繰り返しになるが、「地域おこし」は「心おこし」である。

地域レベルで「心おこし」を進めるためには、地域住民の合意形成が不可欠である。地域の人々の意向は多様である。だが、地域のあり方について基本方向は一致していることが望ましい。合意形成のためには、有識者が問題提起を行い、広く議論を行うことが必要である。議論を通じて地域の意志が明確になる。それを確認しておかなければならない。

もちろん、そうした地域の意志は修正の余地がある。より高い次元へと地域の意志のレベルアップが必要な場合があろう。また、時代の変化のなかで、地域の意志を変えざるを得ないこともあろう。いずれにしても、修正のためには、風通しの良い組織や柔軟なコミュニケーションが不可欠である。

活発なコミュニケーションを通じて、求心力を有するリーダーや問題解決の専門家が登場すると思われる。個人の「心おこし」のプロセスが、人財形成に寄与するのである。地域の意志のレベルアップも可能になる。

●総合プロデューサー
柏木正博
（大正大学地域構想研究所 副所長）

●編集
大正大学 地域構想研究所

●編集長
渡邊直樹
（大正大学 客員教授）

●副編集長
駒井誠一

●編集
丸田明利
髙橋紀瑛

●編集兼校閲
一寸木紀夫

●編集協力
川島敦子
石田智美
エディ・ワン

●アートディレクター
大久保裕文
（ベター・デイズ）

●デザイン
井上裕介
芳賀あきな
國吉洋碧
（ベター・デイズ）

●営業
石田順子
石田 聡
（ティー・マップ）

●販売
伊東和則
（ティー・マップ）

●販売協力
西川恵美子
（E・E企画）

地域人 第28号
2018年1月1日発行

●発行人
柏木正博

●発行所
大正大学出版会
〒170-8470
東京都豊島区西巣鴨3-20-1
電話 03-3918-7311（代表）

●制作
大正大学事業法人
株式会社ティー・マップ
電話 03-5907-3971（代表）

●印刷所
大日本印刷株式会社



## 地方創生のための総合情報
## 『地域人』第29号は1月10日（水）発売予定！

|巻頭インタビュー| **江頭宏昌** 山形大学農学部 教授 山形在来作物研究会 会長

|特集| **再発見！おいしい伝統野菜**

現代は、均質で耐性があり天候不順に影響されにくく、
大量生産に適した野菜が食生活の主流となっている。
ところが、そんななか、今、伝統野菜に熱い視線が注がれている。
伝統野菜とは、地域の土質、気温や気候などの環境のなかで昔ながらの
栽培法によって育てられた、その地域ならではの野菜だ。
そこでしか味わえない郷土の味、さらにイタリアンのシェフなどが生み出す
“ネオ郷土料理”の味覚を求めて全国から人が集まって来る。
庄内、信州、京都などで伝統野菜の魅力を探った。

**豪華連載陣**

養老孟司／清成忠男／島薗進／金子順一／小峰隆夫／森まゆみ／滝村雅晴／河合雅司
菅野芳秀／二宮清純／涌井雅之／野田文隆／森枝卓士／渋谷和宏 ほか

## ホームページやSNSでも情報発信中！

地域構想研究所のホームページでは、
これまでの巻頭インタビューや特集の一部をご覧頂けます。
また、twitterとfacebookでも情報をお届けしております。

twitter @chiikijin
facebook www.facebook.com/1506034942782619/

## MAGAZINES & BOOKS

地域に根差した出版活動を行っている地方出版社の書籍・雑誌を
ご紹介します。新刊の情報、見本などをお寄せください。

**本誌スタッフと一緒に
地元の取材をしていただける
フリーランスカメラマン、
ライターを募集します！**

『地域人』では、地方で
地元に密着した取材活動をしている
フリーカメラマン、フリーライターを
募集しています。プロフィールと作品の
コピーを編集部宛にお送りください。

送付先：〒170-8470
東京都豊島区西巣鴨3-20-1
大正大学地域構想研究所内
『地域人』編集部

**定期購読**

定期購読をご希望の方は、
地域構想研究所のホームページより振込用紙がダウンロードできます。

※内容、発売日は変更される場合があります。

## 編集後記

小さいころから乗り物が好きで、自転車にはじまり、オートバイ、車と乗り継いできました。中学時代は、通学用自転車の部品を少しずつ換装、スポーツ車に改造してサイクリングを楽しんでいたこともありました。

だからというわけではありませんが、今号の特集では自転車を活用した事例の占める割合が多くなりました。二宮清純さんをはじめとする識者の方々へのヒアリングでも、自転車による地域活性化はブームといってもいいほど。ハコモノの必要がない割に、集客力があるということが理由のようです。

他方、自転車は膝に負担が掛からない有酸素運動。ロングライドを楽しむ人が増えれば、健康寿命も延びるのではないでしょうか。心配なのは事故です。愛媛県のように自転車レーンの整備などを推進する動きが全国に広がって、安全に楽しめるようになってほしいものです。

（駒井誠一）